SO FEIERN WIR
Weihnachten
24 GESCHICHTEN ZUM FEST

Von Christian Dreller

Mit Illustrationen von Elli Bruder, Jennifer Coulmann
und Isabel Große Holtforth

Inhaltsverzeichnis

Volle Breitseite Weihnachten 5

Unternehmen Christbaum 10

Kalles Weihnachtswunder 16

Lasst uns froh und Monster sein 21

Als das Christkind sich mit Santa Claus verabredete 27

Pupsbacke und Schneegestöber 32

Helden der Weihnacht 37

Weihnachten bei Bodo Dachs 43

Weihnachten geht anders! 49

Der Überraschungsgast 55

In der Weihnachtsbäckerei 61

Alarm im Wunschzettelmuseum 66

Frau Pachulke und die Pirateninsel 72

Das große Krippenspiel 77

Potterbackes Weihnachtsfest 82

Rune, Kune und die Einhornkutsche 88

Zweimal Weihnachten in einem Jahr 94

Die Wunschoma 100

Zaubern verboten! 106

Als der Nikolaus verschlief 112

Das Weihnachtspuzzle 118

Rettet Roboheld! 124

Die Cowboyprinzessin 130

Bärenstarke Weihnachten 136

Volle Breitseite Weihnachten

Mit Bildern von Isabel Große Holtforth

»Bei allen schrumpeligen Seehexen!«, brummte Piratenkapitän Frohgemut Entermesser. »Nicht mal ein mickriges Floß in Sicht.« Angestrengt spähte er durch sein Fernglas. Eine Palmeninsel tauchte auf, eine leuchtend gelbe Sandbank und sonst … nichts – außer ein paar Möwen, die kreischend über den Wellen kurvten.

Der Kapitän ließ das Fernglas sinken. »Ein schönes Schiff, randvoll mit Gold«, seufzte er. »Das wäre doch wohl nicht zu viel verlangt, heute am Heiligabend!«

»Wird schon, Käpt'n!«, tröstete ihn Steuermann Tausendpfund. Eifrig zeigte er auf eine Familie Delfine, die neben ihrem Schiff, der Rasseldassel, durchs funkelnd blaue Wasser schoss. »Delfine bringen Glück.«

Aber da war sich Entermesser nicht so sicher. Mürrisch drehte er sich zum Schiffsdeck um. Dort versuchte seine Mannschaft gerade eine Holzkiste aufzukriegen. Die hatten sie heute Morgen bei ihrem Überfall auf die Pickepacke erbeutet. Doch die Leute auf dem Schiff waren ärmer als die Kirchenmäuse gewesen. So arm, dass Käpt'n Entermesser und seine Männer ihnen am Ende sogar noch Proviant mitgegeben hatten, aus Mitleid und weil schließlich Weihnachten war. Um ihre Piratenehre zu retten, hatten sie

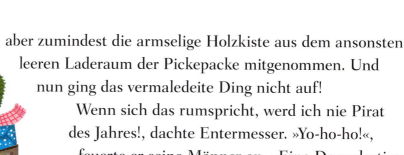

aber zumindest die armselige Holzkiste aus dem ansonsten leeren Laderaum der Pickepacke mitgenommen. Und nun ging das vermaledeite Ding nicht auf!

Wenn sich das rumspricht, werd ich nie Pirat des Jahres!, dachte Entermesser. »Yo-ho-ho!«, feuerte er seine Männer an. »Eine Doppelration Schokopudding für alle, wenn ihr das Ding aufkriegt!«

Das wirkte Wunder. Ächzend stemmte sich Bootsmann Breitkreuz gegen sein Brecheisen. KNIRSCH! KNARZ!

Der Deckel flog auf und landete polternd auf dem Deck. Staunend glotzten alle in die Kiste.

»Was ist?«, rief Entermesser plötzlich ganz aufgeregt. War da etwa doch etwas Wertvolles drin? Goldmünzen vielleicht? Oder Edelsteine? Wie der Blitz stürzte er zu den anderen.

»Beim Klabautermann!«, ächzte er. Dann blieb auch ihm die Spucke weg. Die Kiste war randvoll – mit Weihnachtsschmuck! Fassungslos starrte er auf Dutzende Christbaumkugeln, Strohengel und Baumkerzen. Doch das war noch nicht alles. Darunter fanden sie ein Weihnachtsliederbuch, Blechdosen voller Weihnachtsplätzchen, hübsch verpackte Geschenke – alle mit Namenskärtchen versehen – und ganz unten schließlich ein Weihnachtsmannkostüm samt weißem Rauschebart und roter Zipfelmütze.

»Oje«, murmelte der Schiffsjunge Hein Lütt. »Wir haben denen die Weihnachtgeschenke geklaut.«

»Nun sei mal nicht so empfindlich«, brummte Bootsmann Breitkreuz. »Schließlich sind wir Piraten.«

»Und außerdem haben wir denen auch was geschenkt«, sagte Steuermann Tausendpfund.

»Genau!«, rief Käpt'n Entermesser, beinahe erleichtert.

»Ähm … ja, schon«, meldete sich Schiffskoch Butterfass zögernd zu Wort. »Aber leider nur unseren allerältesten Zwieback. An dem hätten wir uns letztes Mal fast die Zähne ausgebissen.«

Da wurde es still. Alle standen um die Kiste versammelt, betrachteten die Beute und traten verlegen von einem Bein aufs andere.

»Und wenn wir …«, begann Bootsmann Breitkreuz, doch er verstummte, weil ihm ein dicker Kloß im Hals saß.

Käpt'n Entermesser begriff, dass er blitzschnell handeln musste, bevor ihr guter Piratenruf völlig im Eimer war. »Schiff klarmachen zum Weihnachts-Entern!«, brüllte er und zückte seinen Säbel.

Alle glotzten wie die Goldfische.

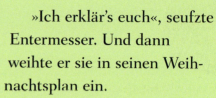

»Ich erklär's euch«, seufzte Entermesser. Und dann weihte er sie in seinen Weihnachtsplan ein.

Unter vollen Segeln jagte die Rasseldassel kurz darauf der Pickepacke hinterher.

Keine zwei Stunden später meldete Hein Lütt vom Ausguck: »Schiff voraus, Käpt'n!«

»Wurd auch Zeit!«, knurrte Käpt'n Entermesser. »In den Sachen schwitzt man sich ja zu Tode.« Kurz lupfte er seine rote Zipfelmütze und den Rauschebart, um sich im Seewind abzukühlen.

»Durchhalten, Käpt'n!«, feuerte Steuermann Tausendpfund seinen Kapitän an. »Dieses Kostüm steht Euch wirklich ausgezeichnet! Die werden Augen machen!«

»Wollen sehen, wollen sehen«, brummte Entermesser nur.

Dann war es so weit. Die Pickepacke war in Kanonenreichweite.

»Einen Warnschuss vor den Bug!«, brüllte Entermesser und schwenkte seinen Säbel.

Die Piraten feuerten eine Kanone ab und im nächsten Moment schoss direkt vor der Pickepacke eine Wasserfontäne in die Höhe.

Das hatte gesessen!

Erschrocken holten die Leute auf der Pickepacke die Segel ein und starrten zu ihren Angreifern hinüber. Sie trauten ihren Augen kaum: Da auf dem Piratenschiff rauschte doch tatsächlich der Weihnachtsmann heran – säbelschwingend und mit wehender Zipfelmütze!

»Ergebt euch!«, brüllte Weihnachtsmann Entermesser. »Dies ist ein Weihnachts-Spezialüberfall!«

Von so etwas hatte auf der Pickepacke noch niemand gehört. Doch ehe sie sich einen Reim darauf machen konnten, waren die Piraten auch schon auf ihrem Schiff.

Entermesser marschierte direkt auf den Kapitän zu. »Hier, das ist deins!«, brummte er und drückte ihm ein Päckchen in die Hand. Verblüfft starrte der andere auf das Namensschildchen, das daran baumelte. *Für den Kapitän*, stand darauf.

»A…aber«, stotterte der Kapitän der Pickepacke, »ich dachte, das ist ein Überfall. Da kriegt man doch nichts geschenkt!«

»Das ist kein Überfall, sondern ein Weihnachts-Spezialüberfall«, antwortete Entermesser, als würde er sich wundern, wie man so was nicht wissen kann. Dann hob er die Hand, woraufhin die Piraten die Päckchen aus der erbeuteten Kiste verteilten, bis jeder auf der Pickepacke eines bekommen hatte.

»Ja, dann frohe Weihnachten«, knurrte Käpt'n Entermesser und schüttelte seinem Kollegen die Hand. »Und nichts für ungut!«

»Äh, frohe Weihnachten«, erwiderte der. »Wir würden euch ja gerne einladen, aber wir haben nichts als steinharten Zwieback und der …«

»Keine Bange«, schnitt Entermesser ihm verlegen das Wort ab. »Wir haben da schon eine Idee.«

In Windeseile schmückten die Piraten die Takelage mit den Strohsternen und den Christbaumkugeln aus der Weihnachtskiste.

Wunderschön erstrahlten sie im Kerzenschein, als die Sonne untergangen war und auch der Wind sich schlafen gelegt hatte. Und bei Keksen, Weihnachtsliedern und dem Leckersten, das die Rasseldassel zu bieten hatte, nahm dann ein Weihnachtsfest seinen Lauf, wie man es auf allen sieben Meeren noch nie erlebt hatte.

Unternehmen Christbaum

Mit Bildern von Jennifer Coulmann

»Wann sind wir denn endlich da?«, rief Pia. Ungeduldig rutschte sie auf ihrem Kindersitz herum.

»Genau, langsam wird's echt langweilig!«, grummelte ihr Bruder Sebastian auf dem Sitz neben ihr. Auch er hatte die Nase voll.

Zusammen mit Mama und Papa saßen sie im Auto, um einen Tannenbaum zu holen. Allerdings nicht einfach so einen vom Markt, sondern richtig aus dem Wald. Das war eigentlich super, wenn nur nicht das Wetter plötzlich so schlecht geworden wäre. Denn kaum hatten sie die Stadt verlassen, waren erst dicke Regentropfen und dann noch dickere Schneeflocken vom Himmel gefallen.

Nun war die Straße von schmierigem Schneematsch bedeckt und Papa fuhr ganz langsam, damit ihr Auto nicht wegrutschte.

»Ihr habt doch gesagt, es ist nur ein Katzensprung«, maulte Sebastian weiter.

»Na ja«, musste Mama zugeben. »Bei dem Wetter wohl eher ein kleiner Tigersprung.«

Pia und Sebastian grinsten.

»Oder ein Kängurusprung!«, kicherte Pia.

»Nee, ein Monstersprung!«, gluckste Sebastian.

So ging es im Schneckentempo weiter über die Landstraße, vorbei an Feldern und Bauernhöfen, während die Welt immer weißer wurde.

»Ah!«, rief Papa plötzlich. »Hinter der nächsten Kurve geht's zum Gutshof. Da holen wir unseren Tannenbaum. Ein absoluter Geheimtipp, hat mein Kollege gesagt.«

Gespannt guckten alle aus dem Fenster.

Aufgeregt zeigte Mama auf einen verschneiten Tannenwald. »Sieht das nicht toll aus? So still und friedlich! Als würde gleich der Weihnachtsmann um die Ecke kommen und Hallo sagen.«

Das tat er dann auch wirklich – aber anders, als Mama sich das eigentlich vorgestellt hatte.

»Ich werd nicht mehr!«, flüsterte sie, als sie in den Weg zum Gutshof einbogen.

Auf dem Dach der großen Gutsscheune stand tatsächlich der Weihnachtsmann – ein riesiger aufblasbarer Plastik-Weihnachtsmann. Fröhlich wackelte er im Schneetreiben hin und her und winkte ihnen zu.

»Der sieht ja aus wie der bei uns auf dem Adventsmarkt!«, staunte Pia.

Dann tauchte das Gutshaus auf. Es wurde von mehreren Scheinwerfern angestrahlt und sah im Wirbel der Schneeflocken wie ein Märchenschloss aus. Davor war ein richtiges kleines Dorf aus Holzbuden aufgebaut, die mit Tannengirlanden und bunten Lichterketten geschmückt waren. Ein Karussell drehte fröhlich seine Runden, überall duftete es nach Essen – und alles war proppenvoll mit Besuchern.

»So viel zum Thema Geheimtipp …«, seufzte Papa und bog in Richtung Parkplatz ab.

Wenig später standen sie etwas ratlos vor den Buden. Von Tannenbäumen war weit und breit nichts zu sehen.

»Gibt's hier eigentlich nur Bratwurst und Glühwein?«, fragte Mama. Fröstelnd rieb sie sich die Hände.

»Wie wär's erst mal mit einem heißen Punsch?«, schlug Papa vor. »Da vorne gibt's welchen.«

Das hörte sich gut an und bei leckerem Orangenpunsch erfuhren sie von der netten Frau an der Bude, dass es die Tannenbäume gleich um die Ecke gab.

Doch leider hatten sie sich zu früh gefreut: Weihnachtsbäume gab es dort zwar, sogar verflixt viele, aber alle waren bereits geschlagen.

»So was Blödes!«, brummte Sebastian. »Ich dachte, wir wollten unseren Baum selber fällen!«

»Ah, ihr wollt eine Tanne schlagen?«, sprach der Weihnachtsbaumverkäufer sie an.

»Ja!«, rief Pia strahlend. »Und zwar die allerschönste!«

»Kein Problem«, antwortete der Mann und zeigte auf einen Feldweg, der in ein nahes Wäldchen führte. »Da entlang. Nach zweihundert Metern die erste Tannenschonung rechts. Ich hol euch Axt und Säge.«

Er verschwand in einer Holzhütte und kam gleich wieder zurück. »Passt ein bisschen auf«, sagte er, als er Papa die Säge und Mama die Axt in die Hand drückte. »Die Wege sind vielleicht ein bisschen matschig.«

Wie sich herausstellte, war das die Untertreibung des Jahrhunderts. Die Wege waren nicht nur ein bisschen matschig, sie waren das reinste Schlammbad! Bei jedem Schritt versanken sie knöcheltief und am Ende waren ihre Stiefel und Hosen über und über mit Schlamm beschmiert. »Wenn das *ein bisschen* matschig war«, brummte Mama, »möchte ich nicht wissen, was der unter *richtig* matschig versteht.«

»Na, wenigstens können wir jetzt in Ruhe unseren Tannenbaum aussuchen«, versuchte Papa sie zu trösten. Gemeinsam streiften sie durch die endlosen Tannenbaumreihen und versuchten den richtigen Baum zu finden. Doch der eine war zu klein, der andere zu krumm, und der nächste war ganz okay, aber irgendwie noch nicht perfekt.

Es dämmerte bereits und sie wollten die Suche schon aufgeben, da geschah ein Wunder: Die Wolken rissen auf und die Sonne lugte hindurch. Nur ganz kurz, aber lang genug, dass ein paar helle Strahlen auf eine Tanne vor ihnen fielen. Schlank und kerzengerade stand sie da und leuchtete wunderschön im Abendrot.

»Das ist sie!«, rief Pia begeistert.

»Perfekt!«, hauchte Mama.

»Der Weihnachtsbaum aller Weihnachtsbäume!«, flüsterte Papa.

»Superteil!«, stimmte Sebastian zu.

Ergriffen starrten alle auf die Tanne. Dann trat Papa mit der Säge einen Schritt vor … und blieb gleich wieder stehen.

»Was ist?«, fragte Sebastian.

Verlegen zuckte Papa die Achseln. »Ich weiß auch nicht. Auf einmal komme ich mir vor wie … na ja, wie ein fieser Tannenmörder.«

»Nicht dein Ernst, oder?«, schnaubte Mama und schüttelte den Kopf. Achselzuckend hielt Papa ihr die Säge hin. »Bitte, wenn du willst!«

Mama streckte die Hand aus … und ließ sie wieder sinken. »Hm, irgendwie sieht unser Bäumchen hier im Wald doch am schönsten aus, oder?«, flüsterte sie.

Papa nickte und auch Pia und Sebastian konnten sich auf einmal gar nicht mehr vorstellen die Tanne abzusägen.

»Na, nichts gefunden?«, wunderte sich der Tannenbaumverkäufer, als sie mit leeren Händen zurückkamen.

»Doch, eigentlich schon«, sagte Sebastian. »Eine super Tanne sogar.«

»Aber dann wollten wir ihr nicht wehtun«, erklärte Pia.

»Aha«, antwortete der Verkäufer und kratzte sich am Kopf. »Verstehe … Na, dann kommt mal mit. Ich glaube, ich habe da genau das Richtige!«

Gespannt folgten sie ihm zu einer Reihe mit eingetopften Tannenbäumen.

»Die sind natürlich viel kleiner«, erklärte der Verkäufer. »Aber dafür kann man sie nach Weihnachten draußen einpflanzen. Wie wär's zum Beispiel mit dem hier?« Er zeigte auf ein hübsches Bäumchen, das genauso groß war wie Pia und Sebastian.

Papa, Mama, Pia und Sebastian sahen sich an. Und plötzlich wussten sie es. Das war er: ihr Weihnachtsbaum!

Froh und glücklich nahmen sie das Bäumchen mit nach Hause und nach einem tollen Weihnachtsfest pflanzten sie es draußen in den Garten.

Dort steht es noch heute. Und mittlerweile ist daraus eine stolze große Tanne geworden.

Kalles Weihnachtswunder

Mit Bildern von Elli Bruder

»Pass auf, Lea«, flüsterte Kalle. »Einen Klotz noch. Dann haben wir den Rekord!«

»Kord! Kord!«, krähte seine kleine Schwester Lea und starrte mit großen Augen auf den tollen Turm, den Kalle für sie gebaut hatte.

Kalle hielt den Atem an und setzte den letzten Klotz auf die Spitze. Der Turm wackelte. Schwankte. Und stürzte ein. Die Klötzchen fielen kunterbunt durcheinander und purzelten über den Teppich.

»BUÄÄÄÄÄÄÄH!«, heulte Lea.

Mist, gleich wacht Mama auf!, dachte Kalle. Ausgerechnet jetzt kurz vor Weihnachten ging es ihr nicht gut. Sie hatte die Grippe und Kalle gebeten auf Lea aufzupassen, damit sie sich mal kurz ausruhen konnte.

Doch Lea hörte nicht auf zu krähen und in Kalles Kopf wirbelten die Gedanken durcheinander. Jetzt half nur noch Kakao!

»Möchtest du einen warmen Kakao, Lea?«, fragte er.

»Kau! Kau!«, jubelte Lea begeistert.

»Bin gleich wieder da!«, versprach Kalle und flitzte nach nebenan in die Küche.

Kakao machen konnte Kalle im

Schlaf: Pulver in den Becher, Milch drüber, umrühren und ab damit in die Mikrowelle.

Zufrieden lauschte Kalle der brummenden Mikrowelle. Na also!

»BUÄÄÄÄÄÄÄH!«, hörte er Lea plötzlich wieder plärren.

Wie der Blitz flitzte Kalle zurück ins Kinderzimmer – und bekam einen Mordsschreck. Lea war weg!

»BUÄÄÄÄÄÄÄH!«, ertönte es wieder.

Da entdeckte Kalle Leas Zappelfüßchen unter dem Bett. Er kniete sich auf den Boden. Anscheinend war Lea einem Klötzchen nachgekrabbelt, das eben unters Bett gekullert war, und nun steckte sie fest.

Hastig kroch Kalle hinterher.

»Was soll das denn werden?«, rief da jemand. Oje! Das war Mama.

Hastig kraxelte Kalle wieder raus, während Mama Lea vorsichtig aus ihrer verzwickten Lage unter dem Bett befreite. »Ist ja gut, mein Schatz. Mama ist ja da«, redete sie mit sanfter Stimme auf Lea ein und nahm sie auf den Arm. Kopfschüttelnd sah sie Kalle an. »Ich wollte mich doch nur einmal kurz hinlegen.«

Ehe Kalle etwas sagen konnte, hob Mama die Nase und schnüffelte. »Sag mal, riecht hier was angebrannt?«

Kalle schnupperte. Verflixt! Der Kakao! Den hatte er ja völlig vergessen! In Rekordzeit stürmte er in die Küche zurück. Mit böser Ahnung riss er die Mikrowelle auf. O nein! Das war ja eine schöne Bescherung! Der Kakao war übergekocht und nun sah die Mikrowelle aus, als wäre darin eine Kakaobombe explodiert.

»Mensch, Kalle«, hörte er Mama hinter sich. »Was hast du dir nur dabei gedacht?«

Das konnte Kalle natürlich alles erklären. Aber dann sah er, wie müde Mama aussah, und er bekam keinen Ton heraus.

»Papa hat vorhin von der Arbeit angerufen«, fuhr Mama mit matter Stimme fort. »Er muss zum Arzt und

kann keinen Weihnachtsbaum holen. Er hat sich wohl bei mir angesteckt.« Sie schüttelte den Kopf. »Wenn das so weitergeht, wird das morgen der trostloseste Heiligabend aller Zeiten. Ohne Baum und dafür mit Ravioli aus der Dose.«

Dosenravioli hätte Kalle gar nicht einmal so übel gefunden, doch das behielt er lieber für sich. Weihnachten ohne Weihnachtsbaum war aber wirklich blöd.

Kalle schlurfte in sein Zimmer. Wenn Mama nicht mal richtig sauer wurde, war die Sache ernst. Traurig schaute er aus dem Fenster. Und plötzlich hatte er einen schlimmen Gedanken: Was, wenn dieses Jahr nicht einmal der Weihnachtsmann kam? Aus Angst, sich mit Grippe anzustecken?

In diesem Augenblick tauchte der alte Laubbichler unten im Hof auf. Er schob seinen Einkaufswagen vor sich her, der prall gefüllt war mit leeren Pfandflaschen. Die sammelte er aus Mülleimern und bekam dafür an der Tankstelle um die Ecke Geld. Das war sozusagen sein Beruf, hatten Mama und Papa Kalle einmal erklärt. Jedenfalls einer davon. Denn der Laubbichler half auch alten Leuten beim Einkaufen und wenn mal was zu reparieren

war. Genau genommen war also Nettsein sein Beruf. Und deswegen ließ der Hausmeister ihn auch im Heizungskeller schlafen, wenn er wollte.

Doch am wohlsten fühlte sich der Laubbichler unter freiem Himmel. »Vielleicht weil ich so lange zur See gefahren bin«, hatte er Kalle einmal schmunzelnd verraten. »Meistens als Matrose, aber auch als Schiffskoch.«

Plötzlich hatte Kalle einen Plan. Jetzt wusste er, wie er das mit der Kakao-Explosion wiedergutmachen und sogar auch noch das Weihnachtsfest retten konnte. Er nahm sein Sparschwein und schlich sich hinaus …

Am nächsten Nachmittag saßen alle zusammen im Wohnzimmer. Die Kerzen auf dem Adventskranz brannten und unter dem Tisch lagen tatsächlich Geschenke bereit.

Also hatte der Weihnachtsmann doch keine Angst vor der Grippe gehabt, dachte Kalle erleichtert. Jetzt war er nur noch gespannt, was Mama und Papa zu seiner Überraschung sagen würden. Nervös rutschte er auf seinem Stuhl herum. Gleich war es so weit!

»So …«, krächzte Papa und schnäuzte sich ins Taschentuch. »Dann wollen wir mal mit der Bescherung be…«

Ding-dong, ertönte da die Türklingel.

»DING-DONG!«, krähte Lea begeistert.

Mama und Papa guckten sich an. »Wer kann das denn sein?«, fragte Mama.

Papa zuckte die Achseln. »Ich schau mal nach.«

Mit klopfendem Herzen huschte Kalle hinterher.

Ding-dong! Ding-dong!

»Ich komm ja schon!«, rief Papa und machte die Tür auf. »Wer wird denn gleich …« Er verstummte.

Vor ihnen stand Herr Laubbichler. Mit prall gefüllter Einkaufstüte und einem bunten Blinkebäumchen aus Plastik. »Schönen guten Abend!«, sagte er strahlend. »Ich mache heute Abend das Festmenü. Ach ja, und einen Tannenbaum habe ich auch besorgt. Der war im Angebot.« Er drückte Papa das blinkende Bäumchen in die Hand.

»F…Festmenü?«, stotterte Papa verblüfft. Kalle grinste unsicher.

»Hast du was damit zu tun, Kalle?«, fragte Mama, die mit Lea in den Flur gekommen war.

Kalle nickte zögernd und dann fing er an zu erzählen: wie er auf die Idee gekommen war, Herrn Laubbichler zu fragen, ob er ihnen einen Tannenbaum besorgt. Und was Schönes zu essen für sie macht. Wo er doch früher Schiffskoch gewesen ist. Als Weihnachtsgeschenk für Papa und Mama, weil sie krank sind. »Seid ihr jetzt sauer?«, fragte Kalle am Ende zaghaft.

Lächelnd sah Mama ihn an. »Warum sollten wir denn sauer sein? Das ist eine wunderbare Idee!«, sagte sie und streichelte Kalle über den Kopf. »Aber womit hat Herr Laubbichler die ganzen Sachen denn bezahlt?«

»Kalle hat mir das hier gegeben«, sagte der Laubbichler und zog Kalles Sparschwein aus der Manteltasche. »Hab aber überall einen Sonderpreis bekommen und das bisschen dann selbst bezahlt. Wo ich doch heute hier sein darf.« Grinsend drückte er Kalle das Schwein in die Hand. »Sie müssen sehr stolz auf ihren Sohn sein«, sagte er.

»Das sind wir«, krächzte Papa und knuffte Kalle gerührt in die Seite.

Trotz Grippe wurde es ein richtig tolles Weihnachtsfest, von dem sie noch nach Jahren erzählten. Denn von da an kochte der Laubbichler jedes Jahr an Heiligabend für sie, und das Blinkebäumchen war natürlich auch dabei …

Lasst uns froh und Monster sein

Mit Bildern von Isabel Große Holtforth

Gespannt guckte Mimi Monster in den Backofen. Die Weihnachtskekse wurden langsam schwarz. Super! Noch zehn Minuten, dann war es so weit! Voller Vorfreude rieb sie sich die Patschhände. Doch dann fiel ihr Blick auf den Küchentisch und ihre gute Laune war verflogen.

Wohin ihr Glupschauge auch blickte: nichts als verschleimte Rührschüsseln, zerfetzte Tüten mit Madenmehl, Salz und Sägespanpulver und dazwischen bergeweise leere Fläschchen mit Pupsaroma. Es würde Stunden dauern, das Durcheinander aufzuräumen. Dabei hatte sie noch alle Monsterhände voll zu tun. Die letzten Weihnachtsgeschenke waren nämlich noch nicht fertig und morgen war schon Heiligmonsterabend.

Plötzlich polterten schwere Schritte durch den Flur. Dann stand Mama Monster in der Küchentür.

»Sind die Kokelkekse fertig?«, fragte sie. »Ich brauche den Backofen gleich für den Müffelstollen.«

»Noch zehn Minuten«, antwortete Mimi. »Sag mal, Mama. Kannst du dich ausnahmsweise um den Küchentisch kümmern? Ich muss noch was Dringendes erledigen.«

»Ah, verstehe«, grinste Mama und zwinkerte ihr zu. »Du bist im

Geschenkestress, oder? Na gut, geh ruhig. Madenmehl, Schneckenschleim und Salz brauche ich gleich auch noch. Ich mache mir einfach ein bisschen Platz.« Lächelnd langte sie in ihr rotes Zottelfell und wischte damit ratzfatz über die Tischplatte. Eine Wolke aus Madenmehl und Sägespanpulver wirbelte auf, während die Pupsaromafläschchen kreuz und quer über den Küchenboden klimperten.

»Na, hier ist ja ganz schön was los!«, sagte da jemand.

Blinzelnd spähten Mimi und Mama durch den Mehlnebel. Papa Monster stand in der Tür. Er wollte schon hereinkommen, doch dann bückte er sich und hob etwas auf. Es war ein Pupsaromafläschchen. »Da ist ja noch ein Schlückchen drin! Das kann man doch nicht umkommen lassen.« Grinsend kippte er sich den Inhalt in den riesigen Schlund. »Ah, lecker! Ich liebe Weihnachten!«

»Altes Naschmonster«, tat Mama empört und fiel ihm lachend in die Arme. »Hast du im Monstermarkt alles gekriegt?«

»Klar«, antwortete Papa. »Einen super Schleimbraten für morgen.«

Jetzt aber nichts wie weg!, dachte Mimi. Bevor gleich wieder die Knutscherei losgeht!

Rasch huschte sie in den dunklen Flur hinaus und wollte schon in ihr Zimmer stürmen, als ihr etwas auffiel. Durch das Fenster in der geschlossenen Wohnzimmertür drang ein Leuchten, das den Flur in schaurig-schönes Geisterlicht tauchte. Richtig gemütlich-gruselig sah das aus!

Mimi blieb stehen. Jede Wette, dass ihr Bruder Momo dahintersteckte! Der war nämlich dieses Jahr mit dem Müllbaumschmücken dran. Was er sich da wohl Tolles ausgedacht hatte? Vor Neugier hielt Mimi es nicht mehr aus. So leise, wie ein Monstermädchen es eben konnte, öffnete sie die Wohnzimmertür. Nur einen Spalt, gerade weit genug, um mit ihrem Stielauge durchzulugen. Vor Aufregung hielt sie den Atem an und … sah plötzlich in Momos grinsendes Zottelgesicht. Verflixt! Mit seinen Riesenohren hatte er sie bestimmt gehört.

»Netter Versuch, Schwesterchen!«, lachte er. »Aber den Müllbaum kriegst du erst morgen zu sehen, genau wie Mama und Papa.«

»Och, menno«, maulte Mimi. »Nur kurz gucken. Ganz, ganz kurz!«

»Kannst du vergessen. Bring mir lieber mal deine Geschenke, damit ich sie endlich in den Baum stecken kann. Du bist mal wieder die Letzte, du Trödelmonster.«

»Ist ja gut«, brummte Mimi. Etwas beleidigt verzog sie sich auf ihr Zimmer, aber richtig böse konnte sie Momo nicht sein. Denn er hatte ja recht. Es wurde höchste Zeit, dass sie sich um ihre Geschenke kümmerte.

Zum Glück war schon alles so gut wie fertig. Dieses Jahr hatte sie die Geschenke nämlich selbst gemacht. Zu Sankt Monsterlaus hatte sie eine herrlich versiffte alte Bastelzeitschrift in ihrem Stiefel gefunden, mit lauter tollen Tipps und Anleitungen. Für Papa hatte sie einen wunderschönen roten Schlips gehäkelt, für Mama ein super Rosenduftwasser gemixt und für Momo eine tipptopp Wollmütze gestrickt – sogar mit Löchern für seine langen Zottelohren.

Stolz betrachtete sie ihre Werke, die schon auf dem Bett bereitlagen. Jetzt musste sie nur noch alles schön sorgfältig in altes Butterbrotpapier verpacken und Momo vor die Tür legen.

Obwohl es Mimi wie eine Ewigkeit vorkam, hatte das Warten irgendwann ein Ende. Heiligmonsterabend war gekommen. Alle standen im abgedunkelten Wohnzimmer und bewunderten Momos Müllbaum. Wunderschön war der: eine riesige Pyramide aus alten, rostigen Konservendosen. Das war eigentlich jedes Jahr so. Aber wie Momo den Baum geschmückt hatte! Hunderte vergammelter Lamettaspaghetti hingen von den Dosen. Und alles erstrahlte in einem leuchtenden Glanz, der die verschimmelten Spaghetti erst richtig schön zur Geltung brachte.

»Ach, wie schön, mein Junge!«, flüsterte Mama.

»Wie hast du das mit dem Licht hingekriegt?«, staunte Papa.

»Spezialfarbe, die im Dunkeln leuchtet«, erklärte Momo stolz.

Auch Mimi war begeistert – und schon gespannt wie ein Flitzbogen. Denn in einigen der Konservendosen hatte Momo nach Monstertradition ihre Geschenke versteckt.

»Können wir nicht endlich mit der Bescherung anfangen?«, rief sie und hüpfte vor Aufregung von einem Bein aufs andere.

»Klar«, sagt Papa. »Dann fang mal an.«

Vorsichtig zog Mimi darauf eine Dose aus der Pyramide. Und zwar ganz, ganz vorsichtig. Denn wer die Pyramide zum Einsturz brachte, musste nach der Feier alles wieder aufräumen, wenn auch nur monsterordentlich, aber trotzdem ganz schön nervig. Geschafft! Neugierig lugte sie in die Dose. Mist! Eine Niete. In der Dose war nur alte Erbsensuppe. So ging es der Reihe nach immer weiter.

Momo hatte schließlich als Erster Glück und erwischte eine Dose mit Geschenk. Mimi wollte sich gerade beschweren, dass er bestimmt geschummelt und sich seine Dosen gemerkt hatte, als Papa den Turm zum Einsturz brachte. Scheppernd krachte alles in sich zusammen. Aber damit ging der Monsterspaß erst richtig los! Jubelnd stürzten sie sich in den Dosenhaufen und wühlten mit Feuereifer darin herum, bis alle über und über mit schleimigem, stinkendem Zeugs beschmiert und sämtliche Geschenke gefunden waren.

Noch völlig außer Puste, setzten sie sich an den Tisch, um auszupacken. Mimi konnte es kaum erwarten zu sehen, was Mama, Papa und Momo wohl zu ihren tollen Geschenken sagen würden.

»Äh, die ist ja ... äh ... total perfekt! Nicht mal ein Fleck«, sagte Papa, als er seine Krawatte auspackte. Er gab alles, um nicht enttäuscht zu klingen. Aber wie alle Monster war er leider ein schlechter Schauspieler. Genauso wie Mama und Momo. Mimi konnte ihnen an den langen Monsternasen ablesen, dass sie sich nicht freuten.

Dicke Tränen kullerten über ihre Wangen.

»Ist doch nicht schlimm«, tröstete Papa sie.

»Ganz so schön und perfekt ist es ja nun auch wieder nicht«, versuchte Mama ihr Glück. Aber das machte alles nur noch schlimmer. Mimis Tränen sprudelten wie ein Wasserfall.

Da hatte Momo die rettende Idee. »Mensch, super, Mimi!«, rief er. Vor Begeisterung schlug er so fest auf den Tisch, dass der Schleimbraten einen Hopser machte. »Das Zeug ist so ekelhaft schön, dass es schon wieder grottenmäßig genial ist! In der Schule werden mich alle beneiden.«

»Monsterfurzmäßig genial sogar«, rief Papa und schlug sich mit der Hand an die Stirn. »Dass mir das nicht gleich aufgefallen ist. Meine Arbeitskollegen werden Stielaugen machen!«

»Echt?«, schniefte Mimi.

»Echt!«, rief Mama. »Ich seh schon meine Freundinnen vor mir. Denen kommt vor Neid der Schnodder aus der Nase, wenn sie an dem Rosenwasser schnuppern.«

Da war Mimi wieder beruhigt und alle feierten zusammen ein monsterschönes Weihnachtsfest.

Denn ob etwas schön oder hässlich aussieht, das ist am Ende ganz egal. Wichtig ist nur, dass es von Herzen kommt. Und das gilt für Monster genauso wie für Menschen – natürlich nicht nur an Heiligmonsterabend.

Als das Christkind sich mit Santa Claus verabredete

Mit Bildern von Jennifer Coulmann

»Uhhhaaa!« Gähnend schlug Jule die Augen auf. Die Sonne schien zum Fenster herein und tauchte alles in helles Licht. Viel zu hell!, fand Jule und schloss die Augen wieder.

Träge überlegte sie, welches Adventskalendertürchen heute dran war. Schon das achtzehnte?

Aber Moment mal! Sie riss die Augen auf. Wo war denn ihr Adventskalender? Es hing ja gar keiner an der Wand! Verwirrt sah sie sich um.

Da fiel es ihr zum Glück wieder ein: Sie war gar nicht zu Hause, sondern mit Papa und Mama in Amerika! Bei Onkel Norbert, Tante Debbie und ihrer Cousine Anna. Die lebten seit ein paar Jahren hier und nun wollten sie alle zusammen Weihnachten feiern. Nach einer ewig langen Reise waren sie gestern Nacht angekommen und sofort todmüde ins Bett gefallen.

»Juhu! Du bist ja schon wach!«, rief plötzlich jemand. Ihre Cousine Anna stand in der Tür. »Komm schnell runter«, sprudelte sie los. »Gleich gibt's Frühstück. Aber vorher zeig ich dir mein Zimmer«, verkündete sie strahlend. »Wie toll, dass du da bist!«

Das fand Jule auch. Noch etwas schlaftrunken wollte sie Anna gerade in ihr Zimmer folgen, als ihr etwas einfiel. »Sag mal, hast du gar keinen Adventskalender?«

»Nee«, grinste Anna. »Die gibt's hier nicht. Dafür haben wir etwas anderes. Komm mal mit runter ins Wohnzimmer.«

Als Jule die Wohnzimmertür öffnete, blieb ihr glatt die Spucke weg. Dort stand ein Weihnachtsbaum! Fix und fertig geschmückt mit Christbaumkugeln, täuschend echtem Kunstschnee, Zuckerstangen und jeder Menge bunter Lichterketten. Fröhlich glitzerten und blinkten sie vor sich hin.

»Super, oder?«, sagte Anna.

Da hatte sie recht. Der Baum sah wirklich super aus, wie in einem Märchen. »A…aber es ist doch noch gar nicht Weihnachten«, fand Jule endlich die Sprache wieder.

»Tja, in Amerika stellt man den Weihnachtsbaum schon Anfang Dezember auf«, erklärte Onkel Norbert und lachte. Er war mit Tante Debbie, Mama und Papa ins Wohnzimmer gekommen. »Dafür haben wir aber keinen Adventskranz.«

Auch Papa und Mama bewunderten den Christbaum. »Toll!«, staunte Mama schließlich. »Aber so ganz ohne Adventskranz würde mir was fehlen.«

Das fand Jule auch. Doch ehe sie darüber nachdenken konnte, zog Anna sie schon in ihr Zimmer. Und so ging es die nächsten Tage Schlag auf Schlag weiter. Mit Ausflügen, Besuchen bei Annas Freundinnen und tausend anderen Sachen, die es zu entdecken gab, verging die Zeit so schnell, dass Jule erst einmal gar nicht mehr an Weihnachten dachte.

Doch dann kam der Tag vor Heiligabend.

Alle saßen gerade zusammen beim Abendessen, als Jule etwas Merkwürdiges entdeckte. »Was ist das denn?«, fragte sie und zeigte auf den Kamin. Dort baumelten sechs große, leere Strümpfe. Wunderschön bestickt waren sie – mit Sternen, Elchen und Schneeflocken.

»Das sind unsere Weihnachtssocken«, erklärte Tante Debbie.

»Weihnachtssocken?«

»Genau«, sagte Tante Debbie lächelnd. »Für jeden von uns einen. Da steckt Santa Claus morgen Nacht unsere Geschenke rein. Und am 25. Dezember wird ausgepackt und gefeiert.«

»Santa Claus ist so was wie der Weihnachtsmann«, erklärte Onkel Norbert, als Jule ihre Tante mit großen Augen ansah. »Er kommt mit einem Rentierschlitten voller Geschenke. Wenn wir schlafen, schleicht er sich durch den Kamin, steckt alles in die Strümpfe und zieht weiter.«

Jule schwirrte der Kopf. »Mit einem Rentierschlitten? Durch den Kamin?«

»Na ja«, schaltete sich Papa ein. »Den Schlitten parkt er natürlich auf dem Dach, nachdem er damit vom Nordpol gekommen ist.«

»Vom Nordpol?« Nun war Jule völlig verwirrt. Und alarmiert. »Aber was ist denn dann mit unseren Geschenken? Die hat doch das Christkind und nicht dieser Claus.«

»Santa Claus«, verbesserte Mama sie. »Und keine Sorge! Wir haben dem Christkind Bescheid gesagt. Es weiß, wo wir sind.«

Für kurze Zeit war Jule beruhigt. Aber als es an Heiligabend Zeit wurde, ins Bett zu gehen, kam ihr die Sache auf einmal wieder komisch vor. »Ob das mit dem Christkind wirklich geklappt hat?«, fragte sie Anna beim Zähneputzen. »Was, wenn es vor lauter Arbeit verschwitzt hat, dass es noch nach Amerika muss?«

»Hm, stimmt«, überlegte Anna und runzelte die Stirn. »Ich habe eine Idee!«, rief sie. »Wir legen uns heute Nacht auf die Lauer und warten auf Santa Claus.«

»Super!«, rief Jule. »Dann kann er das Christkind anrufen!«

»Damit es schnell noch alles vorbeibringt!«, jubelte Anna.

Ungeduldig warteten sie, bis alle schliefen. Dann schlichen sie sich mit Wolldecken bewaffnet ins Wohnzimmer hinunter.

Zum Glück war es nicht so stockfinster wie befürchtet. Denn durch die Fenster fiel etwas Licht von einer Straßenlaterne herein. Vom Sofa aus hatten sie die Strümpfe prima im Blick. In die Decken gekuschelt machten sie es sich gemütlich. Jetzt hieß es nur noch warten. Und warten …

Jule schlug die Augen auf. Sie blinzelte verwirrt. Neben ihr atmete jemand ruhig und tief. Anna! Verflixt! Sie waren eingeschlafen. Vom Kamin her ertönte ein Rascheln. Jules Blick flog zu den Strümpfen. Sie erstarrte. Da stand jemand! Eine Gestalt im weißen Nachthemd. Das musste das Christkind sein! Dann war es auch schon wieder in die Dunkelheit davongehuscht.

Rasch weckte Jule Anna und erzählte ihr, was passiert war. Aufgeregt stürzten sie zu den Weihnachtsstrümpfen: Alle waren prallvoll mit Geschenken. Also hatte es das Christkind doch noch irgendwie auf die Reihe gekriegt. Nur zu schade, dass sie Santa Claus verpasst hatten. Der war wohl noch vor dem Christkind da gewesen.

»Bin ich froh, dass das Christkind noch gekommen ist!«, freute sich Jule am nächsten Morgen. Gerade hatten sie und Anna berichtet, was letzte Nacht passiert war. Noch in Schlafsachen waren alle im Wohnzimmer zur Bescherung zusammengekommen.

»Da konnte gar nichts schiefgehen«, erklärte Papa seelenruhig. »Mama und ich haben dem Christkind gestern vorsichtshalber noch mal eine Erinnerungsmail geschickt.«

»Und du hast wirklich das Christkind gesehen?«, staunte Tante Debbie.

»Klar!«, rief Jule. »Es hatte ein weißes Hemd an. Genau wie Mama!«

»Na, da weiß ich ja, als was ich beim nächsten Fasching gehen kann«, lachte die.

Ganz kurz überlegte Jule, ob das vor dem Kamin vielleicht wirklich Mama gewesen war. Aber dann musste auch sie lachen – das konnte ja gar nicht sein. Woher sollte Mama die Geschenke haben? Schließlich wusste doch jedes Baby, wer die brachte: das Christkind, der Weihnachtsmann oder Santa Claus …

Pupsbacke und Schneegestöber

Mit Bildern von Elli Bruder

So, und jetzt wünsche ich euch schöne Weihnachtsferien!«, verabschiedete sich Frau Spengler von den Kindern der Igelgruppe. Jubelnd stürmten alle in den Flur hinaus. Nur Finn konnte sich nicht so richtig freuen. Denn zum allerersten Mal würde er ohne Papa feiern.

»Hey, Finn!«, riss seine Freundin Mia ihn aus den Gedanken. »Was macht ihr an Weihnachten?«

»Wir feiern dieses Jahr bei Oma und Opa am Meer«, antwortete Finn.

»Am Meer!«, rief Mia. »Wie toll!«

Ehe Finn etwas sagen konnte, kam Mama um die Ecke. Rasch verabschiedete er sich von Mia und seinen anderen Kita-Freunden. Dann ging es im Auto durch die Stadt nach Hause. Vorbei an lauter Weihnachtswerbung, auf der glückliche Eltern mit glücklichen Kindern feierten. Dieses Jahr ist Weihnachten eine richtige Pupsbacke, dachte Finn genervt.

»Kopf hoch, Finn«, sagte Mama und zwinkerte ihm aufmunternd im Rückspiegel zu. »Das wird schön bei Oma und Opa. Und sie freuen sich doch schon so.«

»Hm-hm«, machte Finn und nickte – zum Teil weil das stimmte, aber auch damit Mama nicht traurig wurde. Denn das war sie schon oft genug, seit sie und Papa sich getrennt hatten.

Als sie Heiligabend endlich im Zug saßen, fing es an zu schneien. Zuerst nur ganz wenig, aber bald fielen immer dichtere Flocken, und je näher sie dem Meer kamen, desto windiger wurde es. Abends bei ihrer Ankunft tobte bereits ein richtiger Schneesturm.

Am Bahnsteig erwartete Opa sie schon strahlend. »Gut, dass ihr da seid«, sagte er. »Ganz schönes Schietwetter! Aber jetzt machen wir es uns gemütlich.«

Opa hatte nicht zu viel versprochen, wie Finn feststellte, nachdem Oma ihn zur Begrüßung erst einmal ordentlich geknuddelt hatte. Im Wohnzimmer war schon der Tisch gedeckt und der Weihnachtsbaum erstrahlte im Kerzenschein. Unauffällig schielte Finn auf die Pakete und Päckchen, die davor bereitlagen. Aber da rief Oma sie auch schon zum Essen.

Nach leckeren Würstchen mit Kartoffelsalat spielte Opa Weihnachtslieder auf seiner Gitarre. Und als alle aus Leibeskräften mitsangen, spürte Finn es auf einmal wieder fast wie früher: sein ganz besonderes Finn-Weihnachtsgefühl. Dann klingelte das Telefon und Oma verschwand im Flur.

Als sie wieder hereinkam, sah Finn gleich, dass etwas nicht stimmte.

»Der Leuchtturm am Westdeich ist kaputt«, sagte Oma bedrückt. »Opa muss leider los.«

»Aber wieso?!«, protestierte Finn. Klar, er wusste, dass Opa sich um kaputte Leuchttürme kümmerte. Aber an Weihnachten? »Das kann doch jemand anderes machen!«, sagte er.

»Ich habe Notdienst, Finn«, erwiderte Opa sanft. »Und ohne Leuchtturm sind die Schiffe in Gefahr. Aber weißt du was?«, fügte er hinzu. »Komm doch einfach mit. Ein Kollege ist krank, und da kann ich jede Hilfe gebrauchen.«

»Echt?«, fragte Finn.

»Echt!« Opa grinste und sagte zu Mama: »Keine Sorge, mit dem Allradantrieb kommen wir überall durch und der Kindersitz ist noch im Wagen. Außerdem sind wir vorsichtig, oder, Finn?«

»Klar«, strahlte Finn und stürmte schon hinaus, um sich anzuziehen.

Wenig später fuhren sie im Schneckentempo über verschneite Landstraßen. »Weißt du, was mit dem Leuchtturm los ist?«, fragte Finn.

»In den Dörfern beim Leuchtturm gab's wohl einen Stromausfall«, antwortete Opa. »Und der Notstromgenerator ist nicht angesprungen.«

Als sie endlich am Leuchtturm ankamen, war der Schneesturm sogar noch stärker geworden. Beim Aussteigen musste sich Finn richtig gegen den Wind stemmen, um nicht umgeweht zu werden.

In der Maschinenkammer verfolgte Finn mit großen Augen, wie Opa sich mit Schraubenzieher und anderen Sachen in dem Gewusel aus Kabeln zu schaffen machte, während Finn ihm mit einer Taschenlampe leuchtete. Doch der Fehler war einfach nicht zu finden.

Da sah Finn etwas. Ganz tief im Kabelwirrwarr. Eine verkokelte Masse.

»Was ist das denn?«, fragte er und zeigte auf die Stelle.

Opa grinste. »Finn, du bist genial! Ein Mäusenest! Das hat den Kurzschluss verursacht.« Als er Finns erschrockenes Gesicht sah, fügte er hinzu: »Die Mäuse waren nicht zu Hause. Das sind nur verkohlte Blätter. Ich mach das weg und dann müsste es wieder gehen.«

Tatsächlich. Mit lautem Brummen sprang der Generator wenig später wieder an. Rasch gingen sie nach draußen und guckten nach oben: Endlich schickte der Leuchtturm sein helles Licht wieder in die Nacht hinaus. Grinsend klatschten sie sich ab.

Doch am Wagen erwartete sie eine böse Überraschung. Er war fast vollständig unter einer Schneewehe begraben.

»Oje!«, rief Opa und holte sein Handy aus der Tasche. »Das sieht nicht gut aus. Lass uns wieder reingehen. Ich rufe die Zentrale an. Vielleicht können die einen Schneepflug schicken.«

Doch wie Opa von der Zentrale erfuhr, kamen nicht einmal mehr Schneeräumfahrzeuge durch. Sie mussten bis morgen warten.

»Hey, das wird schon!«, tröstete Opa ihn, als Finn den Kopf hängen ließ. »Ich hab noch eine Thermoskanne Tee und zwei Schlafsäcke im Wagen. Die habe ich im Winter für Notfälle immer dabei. Das wird ein richtiges Abenteuer. Und eine Überraschung wartet auch noch auf dich.«

»Eine Überraschung?« Gespannt guckte Finn Opa an.

»Wart's ab«, sagte Opa schmunzelnd. »Ich hol jetzt die Schlafsäcke und ruf Oma und Mama an, damit sie sich keine Sorgen machen.«

Oben im Leuchtturm fanden sie noch ein paar alte Kerzen. Gemütlich in die Schlafsäcke gekuschelt saßen sie dann bei Kerzenschein nebeneinander in einer Koje, nippten abwechselnd an Opas Tee und blickten aus dem Fenster auf das dunkle Meer.

»Siehst du die Lichter da draußen?«, fragte Opa.
Finn nickte.
»Das sind Schiffe, die sich durch den Sturm kämpfen. Und dank uns beiden kommen die Leute nun sicher nach Hause. Schönes Gefühl, oder?«
Ja, das war es, fand Finn.
Dann erzählte Opa, was er früher alles erlebt hatte, als er selbst zur See gefahren war, und Finn merkte gar nicht, wie die Zeit verging.
»Du, Opa?«, sagte er, als er irgendwann müde wurde. »Wenn Mama und ich uns prima verstehen und Papa und ich uns auch … wieso verstehen sich Mama und Papa dann nicht mehr?«
Opa dachte nach. Fast sah es aus, als lauschte er, ob der heulende Wind draußen die Antwort kannte. »Weißt du«, sagte er schließlich. »Menschen ändern sich und manchmal verstehen sie sich dann nicht mehr. Das fühlt sich fast an, als wäre ein Zauber zerbrochen. Dann muss man loslassen. Denn wenn man versucht den Zauber mit Gewalt festzuhalten, wird es nur schlimmer.«
»Hm«, sagte Finn nachdenklich.
Opa lächelte. »So, jetzt ist vielleicht der richtige Moment für die Überraschung«, sagte er und fischte ein Päckchen aus seinem Schlafsack. »Das hat der Weihnachtsmann gebracht, von deinem Papa. Ich dachte, es wäre schön, wenn du das hier in Ruhe auspackst. Frohe Weihnachten, mein Junge!«
Mit großen Augen guckte Finn erst auf das Päckchen, dann auf Opa. »Frohe Weihnachten, Opa«, flüsterte er schließlich. Und plötzlich war es wieder da. Nicht genauso wie früher, aber ganz ähnlich und trotzdem schön: sein ganz besonderes Finn-Weihnachtsgefühl …

Helden der Weihnacht

Mit Bildern von Isabel Große Holtforth

»Wie lange noch?«, fragte Kevin und guckte in die Küche. Dort schälte Mama gerade Kartoffeln. Sie hatte Kopfhörer auf und sang laut ein Lied aus ihrem MP3-Player mit.

»Jingle Bells, Jingle Bells … Hm-hm-hm-hm-hmmmmm …«

»Mama?!«

Keine Reaktion. Okay, offensichtlich hatte sie ihn nicht gehört. Kevin tippte sie an.

Vor Schreck zuckte Mama so sehr zusammen, dass ihr die frisch geschälte Kartoffel mit vollem Karacho aus der Hand flutschte. In hohem Bogen segelte sie durch die Küche und landete vor Kevins Füßen.

»Mensch, Kevin!«, rief sie und nahm die Kopfhörer ab. »Hast du mich erschreckt!«

Schuldbewusst klaubte Kevin die Kartoffel vom Boden auf. »Tut mir leid, Mama«, sagte er. Rasch spülte er die Kartoffel unter dem Wasserhahn ab und gab sie ihr zurück.

Schon konnte sie wieder lächeln. »Danke. Was wolltest du denn?«

»Fragen, wie lange es noch dauert«, sagte Kevin.

»Das hast du mich doch erst vor fünf Minuten gefragt.« Schmunzelnd sah sie ihn an. »Das Christkind lässt ganz schön lange auf sich warten, was?«

Kevin sah auf den Boden und nickte.

»Frag doch mal Papa, ob er mit dir spielt.«

»Der ist noch einkaufen«, erwiderte Kevin.

»Wie wär's, wenn du Philipp und Gustav anrufst?«, schlug Mama vor. »Vielleicht haben die ja Lust, noch eine Runde Fußball mit dir zu spielen.«

Das war eine super Idee, fand Kevin. Er stürmte in den Flur zum Telefon. Wie sich herausstellte, sah es bei Philipp und Gustav zu Hause genauso aus und die beiden waren heilfroh, dass sie sich die Zeit bis zur Bescherung mit Fußball vertreiben konnten

Kurz darauf trafen sich die drei im Park. Philipp schlug vor ein Turnier zu spielen. »Jeder spielt zweimal gegen jeden und der dritte ist Torwart.« Spätestens da war das Christkind für einen Moment vergessen.

»Au ja!«, rief Gustav. »Und wer am meisten Spiele gewinnt, wird Weihnachtsmeister.«

Auch Kevin war Feuer und Flamme. Weihnachtsmeister! Das hörte sich toll an! Schnell war ein Tor aus Stöcken aufgebaut und es konnte losgehen. Spiel folgte auf Spiel und die Spannung stieg. Dann begann die letzte Partie und für Kevin ging es um alles: Wenn er das Spiel gegen Philipp gewann, war er Weihnachtsmeister.

Seine große Chance kam früher als gedacht. Gustav hatte einen Schuss von Philip so abprallen lassen, dass der Ball fast vor Kevins Füßen landete. Wie der Blitz stürmte er los, um ihn ins Tor zu knallen. »Gleich bin ich Weihnachtsmeister«, dachte Kevin. Da passierte es. Im vollen Lauf rutsche er auf altem, feuchtem Laub aus, schlidderte über den nassen Rasen und krachte mit dem Unterarm voll gegen einen Baumstamm.

»AU!«, schrie Kevin. Kurz wurde ihm schwarz vor Augen.

Aufgeregt kamen Gustav und Philipp angerannt.

»Was ist, Kevin?«, rief Philipp.

»Mein Arm«, ächzte Kevin. Vor Schmerzen schossen ihm die Tränen in die Augen.

»Komm, wir bringen dich schnell nach Hause«, sagte Gustav.

Als Mama kurz darauf die Tür aufmachte, sah sie sofort, dass etwas nicht stimmte. »Mein Gott, Kevin. Was ist passiert?«

»Fast wär ich Weihnachtsmeister geworden«, versuchte Kevin sie zu beruhigen. Immerhin tat ihm der Arm nicht mehr ganz so höllisch weh. Dann berichteten die drei Jungs, was geschehen war.

»Kannst du den Arm bewegen?«, fragte Papa, der auch gerade nach Hause gekommen war.

Kevin versuchte es. »Nicht so richtig«, stöhnte er. Papa und Mama sahen sich besorgt an.

»Ich fürchte, wir müssen ins Krankenhaus«, seufzte Mama.

Kurz nachdem Gustav und Philipp gegangen waren, saßen Kevin und seine Eltern auch schon im Auto Richtung Krankenhaus. Traurig guckte Kevin aus dem Fenster. Plötzlich hätte er heulen können. Weil ihm der Arm wieder so wehtat. Weil er Angst hatte, im Krankenhaus bleiben zu müssen. Und überhaupt – weil Weihnachten so was von im Eimer war.

Im Krankenhaus fühlte sich Kevin noch schrecklicher. Das Gebäude war ein riesiges Labyrinth aus tristen Gängen, überall roch es komisch und trotz Weihnachten war es wuselig wie in einem Ameisenhaufen.

Zum Glück war die Krankenschwester an der Anmeldung sehr nett. »Sei nicht traurig, Kevin«, sagte sie und lächelte ihn freundlich an. »Das wird schon.«

Zum Trost bekam er sogar einen kleinen Schokoweihnachtsmann, bevor eine andere Schwester ihn und seine Eltern in einen Wartebereich führte. Dort war es gemütlicher. Überall hingen Weihnachtssterne und Strohengel und es gab sogar einen großen schönen Weihnachtsbaum.

Kaum hatten sie sich gesetzt, kam ein junger Krankenpfleger zu ihnen. »Hallo«, begrüßte er sie. »Ich bin Max. Der Arzt kommt gleich. Hältst du es noch ein bisschen aus, Kevin?«

Kevin nickte tapfer.

»Du bist so toll, mein Schatz«, sagte Mama und wuschelte ihm durchs Haar.

»Muss ich Weihnachten im Krankenhaus bleiben?«, traute sich Kevin da endlich zu fragen. »Und findet mich das Christkind dann überhaupt?«

Das schienen keine leichten Fragen zu sein. Denn Papa und Mama mussten kurz nachdenken.

»Also …«, begann Papa schließlich. »Erstens glaube ich nicht, dass du hierbleiben musst. Und falls doch, würden wir dich natürlich nicht allein lassen. Und …«

»Und zweitens«, fuhr Mama fort und zeigte auf den Tannenbaum, »wo's einen Christbaum gibt, da findet dich auch das Christkind.«

»Aber das wird hoffentlich gar nicht nötig sein«, sagte plötzlich jemand.

Überrascht blickten sie zur Seite. Ein großer Mann in weißem Kittel stand vor ihnen. »Hallo, ich bin Doktor Werner«, begrüßte er sie mit breitem Lächeln. »Dann kommt mal alle mit.«

Im Behandlungszimmer untersuchte der Arzt Kevins Arm, indem er ihn vorsichtig hin und her bewegte. Das tat ganz schön weh!

Trotzdem hatte Doktor Werner gute Nachrichten. »Ich denke, der Arm ist nur verstaucht«, sagte er. »Vorsichtshalber gucken wir uns deine Knochen aber noch mal mit einer Maschine an. Das tut gar nicht weh, und wenn alles okay ist, kriegst du eine Schiene und kannst gleich wieder nach Hause.«

Und so kam es auch.

»Dann wünsche ich dir schöne Weihnachten, Kevin«, verabschiedete sich Doktor Werner, nachdem er ihm die Schiene angelegt hatte.

»Schöne … äh«, begann Kevin, als ihm etwas einfiel. »Sag mal, musst du Weihnachten etwa hierbleiben?«

Doktor Werner grinste. »Ach, das ist nicht so schlimm«, sagte er. »Wie wir beide ja jetzt wissen, wird das Christkind mich auch hier finden. Außerdem leisten mir viele Kollegen Gesellschaft. Auch an Weihnachten arbeiten fast überall Menschen, um anderen zu helfen, die in Not sind – ob bei der Polizei, der Feuerwehr, im Altersheim oder im Elektrizitätswerk.«

Darüber musste Kevin sogar noch abends nachdenken, als er mit Papa und Mama auf das Christkind wartete. Dass es Menschen gab, die auch an Weihnachten für andere da waren, war ein schöner Gedanke. So schön, dass sich Weihnachten trotz Armschiene beinahe doppelt so festlich anfühlte …

Weihnachten bei Bodo Dachs

Mit Bildern von Jennifer Coulmann

„O Tannenbaum, o Tannenbaum, wie grün sind deine Blätter …« Uff! Mimi Feldmaus blieb erst einmal stehen, um zu verschnaufen. Singen und gleichzeitig durch den tiefen Schnee zu hüpfen ging ganz schön auf die Puste – vor allem wenn man einen Korb voller Nüsse und Beeren mitschleppte.

Doch kaum sah Mimi sich um, war jede Müdigkeit vergessen. Still und friedlich lag der Wald da. Wie verzaubert, unter einer dicken Puderzuckerschicht aus Schnee, die im Mondlicht nur so blitzte und funkelte. Fast war es, als hätte der Wald sich extra für Heiligabend herausgeputzt.

Mimis Herz machte vor Freude einen Hüpfer. Ja, heute war Heiligabend und Bodo Dachs hatte sie und ihre Freunde zur gemütlichen Weihnachtsfeier in seinen Bau

eingeladen. Doch vorher wollte Mimi noch ihre beste Freundin Lilly abholen. Lilly war ein Huhn und wohnte auf dem Bauernhof.

Kurz überlegte Mimi, ob sie noch eine leckere Beere aus dem Korb naschen sollte. Aber dann ließ sie es lieber sein. Schließlich waren die Beeren ja für die Weihnachtsfeier.

Entschlossen packte sie ihren Korb und tippelte weiter, bis sie zu einem Tannendickicht kam. Sie hatte es fast geschafft, Lillys Hühnerstall lag direkt hinter dem Wäldchen. Mimi wollte gerade zwischen den Tannen hindurchgehen, da blieb sie erschrocken stehen. Ihr war etwas eingefallen. Etwas Unheimliches. Ein Fuchs sollte sich dort seit Kurzem herumtreiben – und zwar ein böser, wie man überall im Wald munkelte. Mimi starrte auf die schwarze Wand aus Tannenstämmen. Hatte da nicht was geraschelt? Zitternd hob sie ihr Näschen in die Luft und schnupperte. Nichts! Alles schien in Ordnung zu sein.

»Du siehst schon Gespenster, dumme Mimi-Maus«, schimpfte sie. Dann stürmte sie los.

In wildem Zickzack flitzte sie zwischen den dichten Stämmen dahin und blickte weder nach rechts noch nach links, bis sie endlich den Zaun an der Hühnerwiese erreicht hatte. Flink huschte sie darunter hindurch.

Mit einem erleichterten Seufzer blieb sie stehen. Geschafft! Der Hühnerstall war nur noch wenige Tippelschritte entfernt. Auf den Schreck hatte sie sich jetzt doch eine Beere verdient, fand Mimi. Sie stellte den Korb ab, um sich in Ruhe eine auszusuchen.

»JA-HUUUL!«

Ein unheimliches Jaulen zerriss die weihnachtliche Stille – Mimi standen vor Schreck die Tasthaare zu Berge. Was war das?

Gleich darauf hörte sie ein Wimmern. Ganz kläglich und verzweifelt klang es, als wäre jemand in höchster Not. Mimi nahm all ihren Mäusemut zusammen und schlich in die Richtung, aus der das Geräusch gekommen war. Dann sah sie vor sich einen schwarzen Fleck im Schnee. Ein Loch!

»JA-HU-HUUUL!«, ertönte es klagend aus der Tiefe.

Vorsichtig schlich Mimi sich an den Rand und lugte hinab. Vor Schreck hielt sie den Atem an. Dort unten war ein junger Fuchs. Verzweifelt scharrten seine Pfoten über die glatten Wände, um irgendwie nach oben zu kommen. Aber das Loch war viel zu tief.

Das ist bestimmt der böse Fuchs, von dem alle reden, schoss es Mimi durch den Kopf, als der Gefangene sie plötzlich entdeckte.

»Bitte hilf mir!«, jammerte er. »Ich komm hier nicht raus.«

»Gak-gak! Das könnte dir so passen!«, hörte Mimi plötzlich Lilly neben sich gackern.

»Lilly!«, rief Mimi froh. »Wo kommst du denn her?«

»Ich wollte sehen, wo du bleibst, und da hab ich diesen ruppigen, struppigen Fiesling hier gehört«, antwortete Lilly und zeigte in das Loch.

»Ich bin kein Fiesling!«, rief der Fuchs. »Ich wollte mir doch nur was zu essen holen.«

Empört stemmte Lilly die Flügel in die Seite. »Gak-gak! Da lachen ja

wirklich alle Hühner. Klar wolltest du das: und zwar ein leckeres Huhn, stimmt's? Seit Wochen sind hier überall deine Fußspuren zu sehen.«

»Nie im Leben!«, beteuerte der Fuchs. »Ich esse keine Hühner! Andere Füchse vielleicht, aber ich nicht! Ehrlich! Ich hol mir immer nur was aus der großen Mülltonne hinterm Stall. Da sind leckere Sachen drin.«

Mimi blickte zum Hühnerstall. Tatsächlich: Da stand eine große Mülltonne. Dass ihr die noch nie aufgefallen war. Die Tonne war so voll, dass der Deckel halb offen stand. Mimi erkannte Gemüse und sogar Käse. Nicht zu fassen, was die Menschen alles wegwarfen. Vielleicht sagte der Fuchs ja doch die Wahrheit, überlegte Mimi und öffnete schon den Mund, um es Lilly zu erklären. Aber die war so in Rage, dass sie es nicht mal mitkriegte, als Mimi sie an einer Flügelfeder zupfte.

»Das kannst du alles deiner Oma erzählen!«, schimpfte Mimis Freundin. »Ihr Füchse seid doch alle gleich! Gut, dass du endlich in die Falle getappt bist, die der Bauer für dich gebuddelt hat. Und glaub ja nicht …«

»WORUFF-WORUFF!« Lautes Gebell unterbrach sie.

»O nein!«, winselte der Fuchs. »Das ist der Bauer mit seinem Hund. Bitte! Helft mir!« Mit großen Augen starrte er zu ihnen empor. Ängstlich. Verzweifelt.

Dann kullerten dicke Tränen seine Wangen hinab. Das war zu viel, selbst für Lilly. Auf einmal war alle Wut verflogen. Stumm guckte sie in die Grube und dann zum Hühnerstall, wo jeden Moment der Bauer mit dem Hund um die Ecke kommen würde.

»Ist doch Weihnachten«, sagte Mimi leise neben ihr.

Lilly nickte. »Stimmt, Mimi«, sagte sie. »Schnell, holen wir ihn raus.«

Hinter dem Hühnerstall lag ein Stapel mit alten Brettern herum. In Windeseile zogen sie eines heraus, schleppten es zur Grube und ließen es hinunter. Der Fuchs war so baff, dass er sich nicht rührte.

»WORUFF-WORUFF!«, ertönte es plötzlich wieder. Lauter und ganz nah. Verflixt nah.

»Worauf wartest du?«, gackerte Lilly nervös. »Auf eine Einladung?«

Da kletterte der Fuchs schnell das Brett hinauf. »D…danke!«, stotterte er. »Ich mach's wieder gut. Versprochen!« Dann war er auch schon in der Nacht verschwunden.

Eine Stunde später feierten endlich alle bei Bodo Dachs zusammen Weihnachten. Bei Kerzenschein und Tannennadelhonig-Punsch berichteten Mimi und Lilly von ihrem Abenteuer.

»Na ja, ist ja Weihnachten!«, winkte Bodo Dachs ab. »Aber das mit dem Wiedergutmachen war bestimmt gelogen. Füchse sind alle gleich. Würde mich nicht wundern, wenn …« Weiter kam er nicht. Bum-bum-bum!, bollerte es an der Tür.

»Nanu«, wunderte sich Bodo Dachs. »Sind doch schon alle da …«

Als er aufmachte, traute er seinen Augen nicht. Vor ihm stand der Fuchs, beladen mit Gemüse, Käse und anderen Köstlichkeiten. »Hallo, Herr Dachs, tut mir leid wegen der späten Störung. Ich bin Mimis und Lillys Spuren hierher gefolgt, weil ich mich bedanken wollte«, sagte er und drückte dem verdutzten Bodo das Essen in die Hände. »Also dann: Frohe Weihnachten!«

Er wollte schon wieder gehen, als Bodo endlich die Sprache wiederfand. »F…f…frohe Weihnachten«, stotterte er verdattert. »Aber möchtest du nicht reinkommen?«

»Wirklich?«, fragte der Fuchs unsicher.

Doch da zog Bodo Dachs ihn auch schon in seine warme Stube.

Und als der Fuchs dann plötzlich schüchtern und etwas verlegen vor ihnen stand, spürten alle, dass sie gerade das beste Weihnachtsgeschenk bekommen hatten, das man sich vorstellen kann: einen neuen Freund und das schöne Gefühl, dass doch nicht alle Füchse gleich sind.

Weihnachten geht anders!

Mit Bildern von Elli Bruder

Sorgfältig drückte Emma die Ausstechform in den Lebkuchenteig. Sie war so konzentriert, dass ihre Zungenspitze herauslugte.

»Hihi«, kicherte Samira neben ihr.

»Was kicherst du so?«, brummte Emma. Wegen Samiras Kicherei hätte sie fast ihre schöne Lebkuchentanne eingerissen!

»'tschuldigung«, gluckste Samira. »Das mit deiner Zunge sieht einfach so witzig aus.«

Samira war Emmas beste Freundin. Aber langsam war Emma ein bisschen genervt. Schon morgen begann die große Lebkuchenhaus-Ausstellung in der Kita und sie hatten noch viel zu tun. Samira kam aus einem anderen Land und wusste nicht, wie man Advent und Weihnachten feiert. Und deswegen wollte Emma Samira alles ganz genau zeigen – natürlich auch wie ein schönes Lebkuchenhaus aussah. Aber irgendwie hatte ihre Freundin ihren eigenen Kopf.

»Na, wenigstens mach ich nicht so was Komisches«, brummte Emma und zeigte auf Samiras Lebkuchenpalme.

»Wieso? Die ist doch genauso schön wie deine Tanne!«

Das fand Emma überhaupt nicht. Aber ehe sie etwas sagen konnte, kam Mama in die Küche zurück. »Oh, die sind ja schön«, sagte sie und zeigte lächelnd auf Samiras Palme und Emmas Tanne.

Emma und Samira strahlten um die Wette. Aber eigentlich war sich Emma sicher, dass Mama nur nett zu Samira sein wollte. Ein Lebkuchenhäuschen mit Palme? Wie doof war das denn!

Nachdem sie die Lebkuchenteile in den Backofen geschoben hatten, ließen sie sich am Küchentisch Kakao und Kekse schmecken.

»Und ihr habt Weihnachten sonst gar nicht gefeiert, Samira?«, fragte Mama nach einer Weile.

Samira überlegte kurz. »Na ja, zu Hause haben wir auch viele Freunde, die Christen sind. Die haben natürlich Weihnachten gefeiert und uns zum Essen eingeladen. Danach haben sich dann alle auf dem Marktplatz getroffen. Da stand immer ein wunderschöner Tannenbaum. Und ein Weihnachtsmann, der Süßigkeiten verteilt hat, kam auch.«

»Echt?«, staunte Emma. »Und hatte der Geschenke für euch?«

»Nein, leider nicht«, antwortete Samira. »Zu Weihnachten gibt's bei uns keine Geschenke. Aber leckere Kekse hatte dieser Weihnachtsmann immer.« Sie

runzelte die Stirn. Ihr war etwas eingefallen. »Mama hat mir ja welche für euch mitgegeben.«

Schon stürmte Samira hinaus und kam gleich darauf mit einer Tüte Kekse zurück. »Hier, das sind die gleichen wie die vom Weihnachtsmann zu Hause auf dem Markt«, erklärte sie freudestrahlend.

Ganz gespannt machten sich Mama und Emma ans Probieren.

»Hm, lecker, oder, Emma?«, sagte Mama.

»Hm-hm«, machte Emma nur, weil das Ding irgendwie komisch schmeckte. Wusste dieser fremde Weihnachtsmann denn nicht, was echte Weihnachtskekse waren? Kurz entschlossen legte sie ihr angebissenes Stück beiseite und langte nach einem von Mamas Keksen. »Weißt du was, Samira? Wir geben dir das Rezept von denen hier mit. Das sind richtige Weihnachtskekse!«

»Wieso, das sind unsere doch auch!«, sagte Samira.

»Nein, sind sie nicht!«

»Doch, sind sie wohl!«

»He, ihr beiden, keinen Streit!«, schaltete Mama sich ein. »Samira kann das Rezept gerne haben. Aber ich finde ihre Kekse lecker«, fügte sie hinzu und nahm sich gleich noch einen. Zum Glück schrillte im nächsten Moment die Backofenuhr. Die Lebkuchenteile waren fertig. Mit Mamas Hilfe begannen sie ihre Häuser mit Zuckerguss zusammenzubauen und zu schmücken. Erst einmal war aller Ärger vergessen. Aber nicht lange.

Immer wieder schielte Emma zu Samiras Haus hinüber. Nicht zu fassen! Das wurde ja kein Lebkuchenhaus, sondern eine kunterbunte Schokolinsen-Hütte mit einer Palme davor. Als Samira dann den Garten auch noch mit gelbem Zuckerguss bestrich, hielt Emma es nicht mehr aus. Sie schüttelte den Kopf. »Was soll das denn? Schnee ist doch weiß!«

»Das ist ja auch kein Schnee, sondern Wüstensand«, erklärte Samira.

»Wüstensand?! Das ist ja voll blöd!«, rutschte es Emma heraus.

»Du bist selber blöd!«, entgegnete Samira verletzt.

Kaum hatten sie das gesagt, tat es ihnen auch schon leid. Doch gesagt war gesagt.

Mama gab alles, um die Streithähne wieder zu versöhnen. Aber irgendwie war die Stimmung endgültig dahin. Stumm bastelten sie noch eine Weile weiter. Dann wurde Samira von ihrer Mutter abgeholt.

Mit ihrem fertigen Lebkuchenhaus ging Emma auf ihr Zimmer. Wunderschön war es geworden. Aber Emma war so traurig und wütend über sich selbst, dass sie es am liebsten in die Ecke gepfeffert hätte. Warum hatte sie so was Gemeines zu Samira gesagt? Eigentlich wollte sie ihr doch nur erklären, wie man richtig Weihnachten feiert. Wieso kapierte ihre Freundin das nicht?

Dann hörte sie, wie Papa von der Arbeit kam. Wenig später rief Mama zum Abendessen.

Als Emma in die Küche kam, blieb sie vor Staunen stehen. Papa und Mama saßen in Bademänteln beim Abendbrot. In Bademänteln!

»Wieso habt ihr Bademäntel an?«, fragte sie völlig baff.

Empört schüttelte Papa den Kopf. »Bademäntel? Das sind doch unsere normalen Adventsmäntel!«

Mama blickte sie überrascht an. »Wieso? Die tragen wir doch immer in der Weihnachtszeit.«

»Es gibt Leute, die haben immer diese komischen Hosen und Pullis an«, fuhr Papa fort. »Sogar im Advent. Kaum zu glauben, oder?« Er zeigte zur Decke, wo ihr Adventskranz hing.

Emma traute ihren Augen nicht. Was war das? Alle vier Kerzen waren weg, und die Strohsterne auch. Dafür baumelten an ihrem Kranz nun lauter kunterbunte Wollfäden.

»A…aber … wo sind denn die Kerzen?«, stotterte Emma.

»Kerzen?«, rief Mama, als hätte Emma ihr gerade vorgeschlagen Schimmelkäse in den Kranz zu schmieren. »Wer macht denn so was? An einen ordentlichen Adventskranz gehören Wollfäden! Das war schon immer so!«

Hilflos stand Emma da, als sie plötzlich an Samiras Palme denken musste … und an das Wüstenlebkuchenhaus.

Da sah sie, wie Papa ihr zuzwinkerte.

Dann nahm Mama sie in den Arm. »Alles gut, mein Schatz«, flüsterte sie Emma ins Ohr. »Aber ich glaube, du weißt, was wir dir sagen wollen, oder?«

Emma nickte. »Dass Palmen und Wüstenlebkuchenhäuser genauso zu Weihnachten gehören wie unsere Sachen?«

»Genau«, sagte Mama. »Dass man mit dem Herzen dabei ist, darauf kommt es an.«

»Wenn ich das mit Samira doch bloß wiedergutmachen könnte!«, seufzte Emma.

»Keine Sorge, mein Schatz«, sagte Mama. »Papa und ich haben da schon eine Idee.«

Am nächsten Morgen wartete Emma mit ihrem Lebkuchenhaus vor dem Kita-Raum auf Samira. »T…tut mir leid wegen g…gestern«, sagte sie aufgeregt, als Samira endlich vor ihr stand. Sie zeigte auf Samiras Wüstenhaus. »Und das ist richtig toll! Das war echt doof von mir gestern.«

»Mir tut es auch leid«, sagte Samira, doch im nächsten Moment stutzte sie. Mit großen Augen starrte sie auf Emmas Lebkuchenhaus. Dann strahlte sie über das ganze Gesicht: Denn da im Lebkuchengarten standen zwischen Zuckerwattebüschen und Lebkuchentannen … zwei wunderschöne, große Palmen.

Der Überraschungsgast

Mit Bildern von Isabel Große Holtforth

Mit einem leisen *Pock* peitschten die Schneeflocken gegen das Wohnzimmerfenster. Laut heulte der Wind ums Haus und türmte den Schnee im Garten zu immer riesigeren Wehen.

Zusammen mit Papa, Mama und ihrem großen Bruder Julius saß Nele beim Adventskaffee. Der Kaminofen bollerte und alle vier Kerzen am Adventskranz brannten. Richtig gemütlich war es, bei heißem Kakao und Keksen dabei zuzusehen, wie draußen die Welt im Schnee versank.

Nele wollte sich gerade einen neuen Keks nehmen, als sie draußen etwas entdeckte. Unten im Garten schmiegte sich ein Vogel an den Stamm der großen Tanne. Ganz aufgeplustert kauerte er da. Es sah aus, als ob er krank wäre. Auf einmal war Neele der Appetit vergangen.

»Guckt mal, ob der wohl krank ist?«, sagte sie und zeigte nach draußen.

Neugierig schauten alle aus dem Fenster.

»Oh!«, rief Julius. »Der kleine Kerl sieht echt nicht gut aus!«

Auch Mama war besorgt. »Vielleicht können wir ihn irgendwie einfangen. Und zum Tierarzt bringen.«

Nur Papa hatte wie immer die Ruhe weg.

»Warum sollten wir den armen Vogel fangen?« Er nahm sich noch einen Keks aus der Schale.

»Mensch, Papa!«, rief Nele.

»Schon gut!«, lächelte er. »Keine Sorge. Dem Vogel geht es gut.«

»Echt?! Der sieht aber nicht so aus«, sagte sie und die anderen nickten.

»Vögel plustern sich im Winter auf, um sich warm zu halten«, erklärte Papa daraufhin. »Beim Aufplustern entstehen zwischen den Federn kleine, luftgefüllte Hohlräume.«

»Und das soll helfen?«, fragte Julius mit seiner Erzähl-uns-doch-keine-Märchen-Stimme.

Papa nickte unbeeindruckt. »Luft leitet die Wärme nur schlecht und so behält der Vogel seine Körperwärme bei sich. Übrigens muss man sich auch um die anderen Tiere keine Sorgen machen. Die haben ihre Tricks im Winter. Viele verkriechen sich in Höhlen. Und Feldhasen lassen sich sogar einschneien. Denn auch Schnee hält super die Kälte ab.«

Mit großen Augen starrten sie nach draußen in die wirbelnden Flocken.

»Sehr witzig, Papa!«, fand Nele zuerst die Sprache wieder.

»Das ist kein Witz«, versicherte Papa. »Schnee wärmt besser als jedes Zelt.«

Doch damit ging die Diskussion erst richtig los – vor allem weil Julius die Chance sah, endlich sein Geburtstagsgeschenk auszuprobieren.

»Aber nicht besser als mein neues Trekkingzelt!«, rief er. »Um was wollen wir wetten?«

»Hm, wetten …?«, murmelte Papa und blickte nachdenklich in den

Garten. »Eigentlich eine gute Idee«, sagte er schließlich. »Na schön: Wetten, dass ich es in einer Schneehöhle länger aushalte als du in deinem Zelt? Der Verlierer hat eine Woche Schneeschippdienst.«

Julius war Feuer und Flamme. »Abgemacht!« Schon wollte er aus dem Wohnzimmer flitzen.

Mama war so überrumpelt, dass sie sich beinahe an ihrem Keks verschluckte. »Nicht so hastig!«, krächzte sie. »Wie stellt ihr euch das bitte schön vor? Wollt ihr etwa draußen übernachten?«

Papa sah Julius an. »Ja, warum nicht? Was meinst du, Julius?«

Julius nickte begeistert.

»Aber das verschieben wir lieber auf morgen«, fuhr Papa fort. »Da soll das Wetter besser werden. Wir müssen ja nicht gleich im Schneesturm draußen kampieren.«

»Au ja!«, rief Nele. »Und ich helf dir mit der Schneehöhle.«

»Abgemacht!«, strahlte Papa. »Dann schauen wir beide uns im Internet an, wie man eine sichere Schneehöhle baut.«

Am nächsten Tag machten sich Nele, Papa und Julius bei herrlichem Wintersonnenwetter an die Arbeit, während Mama aufpasste, dass nichts passierte. Später wollten sie auf der Terrasse Würstchen grillen, damit sich alle nach getaner Arbeit stärken konnten.

Papa und Nele suchten sich eine besonders große Schneewehe aus und fingen an mit ihrem Schaufeln vorsichtig hineinzubuddeln.

Kinderleicht hatte das im Internet ausgesehen. Aber tatsächlich gerieten sie ganz schön ins Schwitzen, und als ihre tolle Höhle endlich fertig war, wurde es langsam dunkel.

Währenddessen hatte Julius sein Zelt längst aufgebaut, ohne große Mühe. Nur einmal war ihm ein wenig warm geworden, als er die Heringe mit dem Hammer in den harten Frostboden schlagen musste. Vor Langeweile hatte er sogar schon ein paar Sachen ins Zelt gebracht.

Grinsend stand er bei Mama am Grill, als Nele und Papa endlich zu ihnen kamen. »Na, auch schon fertig?«, begrüßte er sie.

»Haha!« Papa grinste. »Spar dir deine gute Laune lieber für heute Nacht auf. Die wirst du nämlich noch brauchen, wenn du vor dich hin bibberst.«

In der warmen Küche ließen sie sich die Grillwürstchen ordentlich schmecken. Doch dann wurde es ernst: Mit dicken Schlafsäcken, Isomatten und Decken beladen, gingen Papa und Julius nach draußen, während Mama und Nele ihnen mit Taschenlampen leuchteten.

Dann blieb Papa so plötzlich stehen, dass Nele fast in ihn hineingelaufen wäre.

»He, Papa, was …«

»Pst, leise«, flüsterte Papa. »Ich glaube, da war was, an der Höhle. Leuchtet noch mal richtig hin.«

Mama und Nele richteten ihre Lampen auf die Höhle.

Überrascht sogen alle die Luft ein. Ein knallgelber Fleck strahlte ihnen aus dem weißen Schnee entgegen, gleich neben dem Höhleneingang.

»Da … da hat doch jemand …«, begann Julius fassungslos.

»In den Schnee gepinkelt«, beendete Nele empört den Satz.

»Sieht ganz so aus«, sagte Papa leise. »Gehen wir mal näher ran. Ich habe da so einen Verdacht …«

Schon nach wenigen Schritten sahen sie es: Da waren Spuren im Schnee. Sie kamen aus Julius' Zelt und führten hinüber in die Höhle.

»Tja, ich fürchte, aus unserer Wette wird nichts«, sagte Papa und zeigte auf die Spuren. »Die Höhle ist schon besetzt, und zwar von einem Fuchs. Durch das Pinkeln hat er sein Revier markiert.«

»Echt?«, fragte Mama. »Ein Fuchs? In unserem Garten?«

Papa nickte. »Füchse halten sich immer häufiger in Menschennähe auf. Da finden sie viel leichter Nahrung.« Er grinste Julius an. »Apropos Nahrung: Du hattest bestimmt was zu essen in deinem Zelt, oder?«

»Ich hatte schon ein paar Schokoriegel reingelegt«, erwiderte Julius etwas verlegen. »Als Proviant.«

»Na, die lässt sich der Fuchs jetzt bestimmt in seinem neuen Zuhause schmecken«, kicherte Nele.

Leise gingen sie wieder zurück. Auf der Terrasse blickten sie sich noch einmal um. »Eigentlich hätte ich die Wette ja gewonnen«, überlegte Papa laut.

»Was?«, protestierte Julius. »Wieso das denn?«

»Na, der Fuchs hätte die Schokoriegel ja auch in deinem Zelt verputzen können«, sagte Papa. »Aber stattdessen hat er sich damit lieber in unsere gemütliche Schneehöhle verzogen.«

Das sah Julius natürlich ganz anders. Aber insgeheim waren doch alle froh nicht draußen in der Kälte übernachten zu müssen und so einigte man sich großzügig auf ein Unentschieden. Der Fuchs jedoch blieb bis nach Weihnachten ihr Gast und zog erst weiter, als es wieder wärmer wurde und die Schneehöhle zu schmelzen begann.

In der Weihnachtsbäckerei

Mit Bildern von Jennifer Coulmann

Wieder guckte Paula auf die Wanduhr, die im Spielzimmer der Seepferdchen-Gruppe hing. Nicht zu fassen! Der große Zeiger, dieser Faulpelz, hatte sich gerade einmal fünf mickrige Striche weitergeschlichen. Am liebsten hätte Paula der blöden Uhr die Zunge rausgestreckt. Dabei war sie eigentlich stolz, dass sie seit Kurzem die Uhr kannte.

Nur wenn man so wie heute auf etwas ganz besonders Tolles wartete – nämlich darauf, dass Oma einen abholte –, sah die Sache anders aus. Fast war es, als ob so eine Uhr das dann merkte und extra langsam tickte.

Heimlich blickte sich Paula um. Alle malten noch an ihren Weihnachtsbildern. Auch Julia, ihre Erzieherin, guckte nicht. Da streckte Paula der Uhr doch die Zunge raus. Vor Schreck rückte der große Zeiger einen Strich weiter. Na also!

Zufrieden betrachtete Paula ihr Weihnachtsbild, das sie für Oma gemalt hatte: Mama, Papa, ihre große Schwester Lotte und Paula standen zusammen mit Oma vor dem Tannenbaum. Wunderschön war der mit den strahlenden Kerzen und knallbunten Christbaumkugeln. Alle freuten sich riesig über den Weihnachtsmann, der gerade zur Tür reingekommen war. Oma war ihr besonders gut gelungen, fand Paula. Mit ihren kurzen Strubbelhaaren und der großen Handtasche erkannte man sie sofort.

Paula runzelte die Stirn. Ob Oma wohl ihre Handtasche dabeihaben würde, wenn der Weihnachtsmann kam? Egal! Die braune Handtasche gehörte einfach zu Oma.

»So, meine Lieben«, rief Julia schließlich. »Dann kommt mal langsam zum Ende. Richtig tolle Bilder habt ihr alle gemalt. Wer will, kann Montag weitermachen.«

Aber das musste Paula gar nicht. Ihr Bild für Oma war perfekt.

Rasch räumten alle noch zusammen auf, verabschiedeten sich von Julia und stürmten johlend auf den Flur hinaus.

Schnell hatte Paula ihre Oma entdeckt. »Oma, Oma!«, rief sie und rannte zu ihr. »Guck mal, was ich für dich gemalt habe!«

»Echt? Für mich?!« Oma strahlte. »Das ist ja toll geworden. Danke!«

Dann ging es in Omas Auto nach Hause.

»Ach, übrigens«, sagte Oma unterwegs, »auf dich wartet auch noch eine Überraschung.«

Vor Aufregung beugte sich Paula in ihrem Kindersitz so weit nach vorne, wie es nur ging. »Eine Überraschung? Was für eine?«

»Kann ich leider nicht verraten.« Oma zwinkerte ihr im Rückspiegel zu. »Sonst wär's ja keine Überraschung mehr.«

Ob sie wohl einen Ausflug machten?, überlegte Paula. »Sagst du's, wenn ich richtig rate? Ich petz auch nicht!«, bettelte sie.

»Na gut, einverstanden«, sagte Oma.

Paula grinste. Oma und sie waren sich mal wieder einig. »Ich glaube, wir fahren in den Zoo. Richtig, Oma?«, rief sie.

»Nicht übel!«, schmunzelte Oma. »Aber für den Zoo ist es schon etwas spät. Nächster Versuch.«

So ging es die ganze Fahrt weiter. Doch Paula kam einfach nicht drauf. Dann waren sie zu Hause und die verflixte Rätselei hatte ein Ende.

»Da seid ihr ja!«, begrüßte Mama sie im Flur und wischte sich die mehlbestäubten Hände an der Schürze ab. »Herzlich willkommen in der Weihnachtsbäckerei!«

In der Küche war schon alles vorbereitet. Eine Kugel Keksteig lag zum Ausrollen auf dem Tisch bereit und Paulas Schwester Lotte füllte gerade ihre Becher mit warmem Kakao. Auf dem Adventskranz flackerten zwei Kerzen gemütlich vor sich hin, während das Räuchermännchen daneben eifrig seine Pfeife paffte. Und vor dem Fenster leuchtete der große Weihnachtsstern, den Paula so mochte. Wie eine unsichtbare Zauberdecke hüllte sein warmes Licht die Küche ein. Es hätte Paula kein bisschen gewundert, wenn das Räuchermännchen plötzlich gesagt hätte:

»Hallo, Oma, hallo, Paula. Ist der Advent nicht schön?«

»Hey, Paula, guck mal, was Oma mitgebracht hat«, riss Lotte sie aus ihren Gedanken. Sie zeigte auf den Küchentisch. Da lagen lauter Ausstechformen um den Keksteig verteilt. Die meisten kannte Paula. Aber neben Rehen, Tannen, Sternen und Engeln blitzten ihr auch vier nagelneue Figuren entgegen: ein Motorrad, ein Elefant, ein Pferd und …

»Ein Einhorn!«, rief Paula begeistert. Sie liebte Einhörner über alles – genauso wie Lotte Pferde, Mama Elefanten und Papa Motorräder. Das würden diesmal ganz besondere Adventskekse werden!

Erst einmal setzten sie sich aber an den Küchentisch, um Kakao zu trinken.

»Haben wir gar nichts zum Knabbern?«, fragte Lotte. »Kekse oder so?«

»Oje«, sagte Mama. »Die habe ich beim Einkaufen völlig vergessen. Bestimmt weil ich dachte, wir backen ja selber welche.«

»Tja, nur schade, dass die noch nicht fertig sind«, seufzte Oma. Plötzlich huschte ein Lächeln über ihr Gesicht und sie zeigte auf die große Teigkugel. »Aber das da ist doch mindestens genauso gut.«

»Super Idee!«, jubelte Paula.

»Au ja!«, juchzte Lotte.

Mama runzelte die Stirn. »Aber …«, begann sie. Doch der Gedanke an den leckeren Teig war zu verlockend. »Ach, was soll's«, seufzte sie. »Ein bisschen Naschen wird schon nicht schaden.«

Rasch waren vier Teelöffel ausgeteilt. Gemeinsam pickten sie damit an dem Teig herum, bis die schöne Kugel wie ein zerzauster Igel aussah – ein Igel, der immer kleiner wurde.

»Ist das lecker!«, stöhnte Mama. »Nur ein Löffel noch!«

»Das Teigeckchen da stibitze ich mir noch«, sagte Oma. »Damit die Kugel wieder runder aussieht.«

Auch Lotte, Paula und Mama entdeckten kleine Ecken, die dringend abgerundet werden mussten, und danach – es war wie verhext – immer wieder neue. Am Ende war die Teigkugel kaum größer als ein Tennisball.

Mama ließ den Löffel sinken. »Oh, oh«, sagte sie erschrocken. »Das reicht ja nur noch für zehn Kekse.«

Oma starrte auf die Mini-Teigkugel, als wäre sie gerade aus einem Traum erwacht. »Haben wir noch Zutaten für einen neuen Teig?«

Mama schüttelte erschrocken den Kopf. Da hörten sie, wie die Wohnungstür aufging. Im nächsten Moment stand Papa in der Küchentür.

»Hallo, ihr Lieben!«, begrüßte er sie. »Sind die Kekse schon fer…« Er verstummte. Mit großen Augen starrte er auf die klägliche Teigkugel. »Soso, das nennt man also Keksebacken?«, sagte er und setzte sich. »Na, wenigstens habt ihr mir noch was übrig gelassen.« Grinsend streckte er die Hand nach Mamas Teelöffel aus und machte sich über den restlichen Teig her. »Daf ift der befte Kekfteig der Welt!«, nuschelte er mit vollem Mund.

Kichernd sahen Paula und Lotte dabei zu, wie Papa den Teig wegnaschte. Aber dann fiel Paula etwas ein: »Und womit backen wir jetzt die Kekse?«, fragte sie.

»Ich geh schnell noch mal einkaufen«, sagte Oma und wollte aufstehen.

Aber Papa hielt sie zurück. »Nicht nötig. Ist alles draußen in meinem Rucksack«, sagte er und zwinkerte ihnen zu. »Ich hab so was schon geahnt. Ich kenne doch meine Familie.«

Lachend machten sie sich alle zusammen an die Arbeit und so wurden aus dem besten Keksteig der Welt am Ende doch noch die besten Kekse der Welt.

Alarm im Wunschzettelmuseum

Mit Bildern von Elli Bruder

Gähnend schlug Üppe die Augen auf. Verflixt, ist das kalt!, dachte er und betastete seine lange Wichtelnase. Die fühlte sich ja an wie ein Eiszapfen! Am besten kuschelte er sich noch mal schön in die warme Decke.

Da blieb sein Blick am Fenster hängen. Schwaches Morgenlicht fiel herein. Morgenlicht? Moment mal! Erschrocken guckte er auf seinen Wecker. Rentierfurz und Trollpups! Das blöde Ding war stehen geblieben! Eigentlich hätte er schon längst etwas für den Weihnachtsmann erledigen müssen.

Im Rekordtempo zog Üppe sich an. Mit lautem GRUMM-RUMPEL meldete sich sein hungriger Magen, als er aus seiner Hütte stürmte. Aber

für Frühstück war keine Zeit. In Windeseile lief er durch das Wichteldorf. Über Nacht hatte es wieder heftig geschneit. Die Strohdächer der Wichtelhütten unten im Tal und der Tannenwald an den Berghängen waren mit einer dicken Glitzerschicht aus Schnee bedeckt. Doch nicht einmal zum Staunen blieb Üppe Zeit, und selbst für seine Wichtelfreunde, die natürlich schon längst auf den Beinen waren, hatte er nur ein kurzes »Hallo!« übrig. Überall liefen die Weihnachtsvorbereitungen auf vollen Touren. Denn es waren schon Wunschzettel aus aller Welt eingetroffen und heute sollte die Spielzeugherstellung beginnen.

Aber dafür musste Üppe erst die Produktionsliste aus dem Wunschzettelmuseum holen. Dort wurden die Wünsche der Kinder nämlich auf langen Listen zusammengeschrieben.

Als er völlig außer Atem im Museum ankam, wurde er schon erwartet. »Da bist du ja endlich«, raunzte ihn Omme an. Er war der Museums-Oberwichtel.

»'tschuldigung, mein Wecker ist kaputt«, japste Üppe.

»Als hätten wir nicht schon genug um die Ohren, du Trödelwichtel«, schimpfte Omme und drückte Üppe die Produktionsliste in die Hand.

Langsam hatte Üppe die Nase voll. Erstens hatte er sich entschuldigt, zweitens war es keine Absicht gewesen und drittens waren Omme und Kollegen auch nicht gerade die Superwichtel des Jahrtausends. »Na, so schlimm wird's schon nicht sein«, brummte Üppe.

Aber daraufhin plusterte Omme sich erst richtig auf und tat besonders wichtig. »Hast du 'ne Ahnung!«, erklärte er von oben herab. »Wir arbeiten gerade an einer geheimen Überraschung für den Weihnachtsmann. Und außerdem ist der Osterhase zu Besuch.«

Üppe glaubte sich verhört zu haben. »Der Osterhase? Was macht der denn hier?«

»Na, das Museum besichtigen«, antwortete Omme, als wäre es das Normalste der Welt. »Auch zu Ostern schreiben die Kinder immer öfter Wunschzettel. Deswegen überlegt er auch eins zu bauen.«

Zu gern hätte Üppe dem Osterhasen die Pfote geschüttelt. Aber er musste ja weiter. Also steckte er die Produktionsliste in die Tasche und düste zur Spielzeugmanufaktur. Doch es dauerte nicht lange und er schnaufte wie eine klapprige Dampflok. Vornübergebeugt blieb Üppe stehen – die Knie weich wie Pudding und im Kopf nur einen Gedanken: Frühstück! Da kitzelte ein köstlicher Duft seine Nase. Üppe blickte auf. Donnerwetter! Er hatte genau neben der Plätzchenbäckerei haltgemacht. Ob die Backwichtel vielleicht ein paar zerbrochene Plätzchen für ihn übrighatten?

Doch drinnen in der Backstube war niemand zu sehen. Offenbar waren alle in der Frühstückspause. Dafür entdeckte Üppe etwas anderes: einen riesigen Bottich mit leckerem Teig. Das war ja noch viel besser als Plätzchen! Grinsend beugte sich Üppe in den Bottich hinab … tief … tiefer … noch tiefer … Da passierte es: Die Produktionsliste rutschte ihm aus der

Tasche und fiel in den Teig. Hastig versuchte Üppe sie wieder herauszufischen. Doch er verlor das Gleichgewicht und mit einem lauten PATSCH plumpste er in den Teig.

Bevor Üppe in der klebrigen Masse versinken konnte, kamen zum Glück die Backwichtel zurück und zerrten ihn aus dem Trog. Aber sie waren so sauer, dass sie Üppe geradewegs zum Weihnachtsmann schleppten.

»Die Liste ist WAS?«, polterte der Weihnachtsmann, nachdem Üppe ihm alles gebeichtet hatte.

»Futsch«, flüsterte Üppe. »Zermatscht, im Teig.«

»Und den Teig können wir jetzt auch wegschmeißen«, schimpfte einer der Backwichtel. »Diesen Üppe sollte man …«

Mit einer Handbewegung brachte der Weihnachtsmann den Backwichtel zum Schweigen. Nachdenklich sah er Üppe an. Wie ein Häufchen Elend stand der Wichtel da. Über und über mit Plätzchenteig beschmiert, der langsam an ihm herabtropfte. Auf einmal tat er dem Weihnachtsmann leid.

»Üppe, Üppe …«, seufzte er. »Was machen wir jetzt nur? Ohne Liste keine Spielzeugproduktion. Und ohne Spielzeug kein Weihnachten.«

Denk nach, du Esel! Denk nach!, hallte es in Üppes Kopf. Dann kam ihm die rettende Idee. »Die Wunschzettel!«, rief er.

Der Weihnachtsmann zog die Augenbrauen hoch. »Was ist damit?«

»Na, die hängen ja im Museum. Omme sortiert sie immer nach Jahren«, erklärte Üppe eifrig. »Wir müssen nur die von diesem Jahr noch mal abschreiben.«

»Puh.« Erleichtert stieß der Weihnachtsmann die Luft aus. »Dass ich da nicht selbst drauf gekommen bin!«

Doch im Wunschzettelmuseum erwartete sie eine böse Überraschung und der Weihnachtsmann verlor zum zweiten Mal in kurzer Zeit die Fassung.

»Du hast WAS?«, polterte der Weihnachtsmann, womit diesmal Omme gemeint war.

Omme schluckte. »Äh … alle Wunschzettel umsortieren lassen. Gleich nachdem die Liste fertig war. Die sind jetzt nicht mehr nach Jahren, sondern nach Farben geordnet.« Kleinlaut fügte er hinzu: »Ist viel hübscher, dachten wir. Sollte eine Weihnachtsüberraschung für dich s…«

Wortlos stürmte der Weihnachtsmann an ihm vorbei in die Ausstellungshalle, dicht gefolgt von Üppe. Stumm starrten sie auf Abertausende eingerahmter Wunschzettel und die Bilder, die die Kinder dazu gemalt hatten. Omme hatte ganze Arbeit geleistet: Kunterbunt war zu Kunterbunt sortiert, Rot zu Rot, Gelb zu Gelb und so weiter und so fort. Wirklich schön sah das aus – eigentlich …

»Die wieder umzuordnen, das dauert Wochen!«, stöhnte Üppe.

»Selbst wenn alle Wichtel helfen und wir den

Nikolaus, das Sandmännchen und den Osterhasen rufen«, stöhnte der Weihnachtsmann.

»Was ist mit mir?«, meldete sich plötzlich jemand hinter ihnen zu Wort. Sie drehten sich um.

Da stand der Osterhase. Mit einem Fotoapparat um den Hals. »Oh, gibt es Probleme?«, fragte er, als er sah, dass es dem Weihnachtsmann gar nicht gut ging.

»Das kann man wohl sagen, Meister Lampe«, seufzte der Weihnachtsmann und erzählte, was passiert war.

»Keine Bange«, sagte der Osterhase. »Ich habe die ganze Liste fotografiert! Wollte doch genau wissen, wie das hier alles läuft.«

Mit leuchtenden Augen schauten der Weihnachtsmann und Üppe ihn an. »Meister Lampe, du bist genial!«, rief der Weihnachtsmann. »Weihnachten ist gerettet!«

Und so hatte sich am Ende alles doch noch zum Guten gewendet. Für die Kinder, den Weihnachtsmann und natürlich für Omme und Üppe – auch wenn sie im Frühjahr zur Strafe dem Osterhasen helfen mussten.

Frau Pachulke und die Pirateninsel

Mit Bildern von Isabel Große Holtforth

Wär das ein Hammer, wenn ich die zu Weihnachten kriege!«, schnaufte Jonas' Freund Pelle. Gerade waren sie wieder mit ihren Schlitten den Hügel runtergesaust. Nun stapften sie zurück nach oben, wo sich ihr Kumpel Igor schon für die nächste Fahrt bereit machte. »Hast du dir die auch gewünscht?«, fragte Pelle. Mit »die« meinte Pelle die große Spielmal-Pirateninsel mit schussfähiger Kanone, Geheimfallen und verborgener Höhle, in der sogar ein richtiger Piratenschatz versteckt sein sollte. Und ja: Natürlich hatte sich Jonas die Insel auch gewünscht. So wie fast alle Jungen in der Vorschulgruppe.

»Hm!«, brummte Jonas jedoch nur. Denn er wollte nichts mehr davon hören. Er hatte Mamas trauriges Gesicht noch genau vor Augen, als sie auf seinen Wunschzettel geguckt hatte. »Mal sehen, ob das klappt mit der Insel«, hatte Mama gemurmelt. »Sonst vielleicht im nächsten Jahr.«

Irgendwie hatte Jonas das dumpfe Gefühl, dass es für ihn keine Insel geben würde – obwohl ja der Weihnachtsmann die Geschenke brachte. Plötzlich kam ihm ein komischer Gedanke: Ob der Weihnachtsmann wohl lieber Leute besuchte, die mehr Geld hatten als Mama und er? Schließlich war die Pirateninsel verflixt teuer und …

»He, ihr beiden!«, riss Igor ihn aus seinen Gedanken, als Pelle und er wieder oben waren. »Ich muss gleich nach Hause. Wie wär's, wenn wir zum Abschluss noch mal um die Wette fahren? Wer am weitesten kommt, hat gewonnen.«

»Klar!«, rief Jonas. »Was kriegt der Sieger?«

»Eine Superkugel?«, schlug Pelle vor.

Jonas und Igor nickten begeistert. Ein toller Preis! Nicht nur wegen der leckeren Schokolade, sondern vor allem wegen der Figuren, die in den Schokokugeln steckten. Jonas, Igor und Pelle hatten schon jede Menge gesammelt und jetzt vor Weihnachten sollten sogar Dinosaurier drin sein!

Gespannt sah Jonas zu, wie Igor und Pelle mit ihren Schlitten den Hügel hinuntersausten. Beide kamen ganz schön weit. Pelle sogar noch ein paar Meter weiter als Igor. Mist, das würde nicht leicht werden …

»Jetzt du!«, rief Pelle grinsend zu ihm herauf. »Oder gibst du direkt auf?«

»Das könnte dir so passen!«, rief Jonas. Jetzt half nur noch ein Monsteranlauf. Also schnappte er sich seinen Schlitten und ging ein ordentliches Stück zurück. »Achtung!«, brüllte er und stürmte mit Vollkaracho los. Erst in allerletzter Sekunde schmiss Jonas sich bäuchlings auf den Schlitten. In wilder Fahrt bretterte er über die Bodenwellen den Hügel hinunter. Mit offenem Mund verfolgten Igor und Pelle, wie er an ihnen vorbeischoss. Mit einer 1-a-Schleuderbremsung brachte Jonas den Schlitten zum Stehen. Grinsend stieg er ab. Er hatte gewonnen. Und zwar so was von!

Auf dem Heimweg machten sie halt im Supermarkt, wo Pelle und Igor eine Superkugel für Jonas kauften.

»Mach doch schon mal auf«, sagte Pelle, als sie den Block erreichten, in dem er und Igor wohnten.

»Ja, los!«, drängte Igor. »Vielleicht ist da ein Dino drin.«

Eigentlich hatte Jonas warten wollen, bis er in seinem Zimmer war. Aber auch er war ganz schön neugierig.

»Okay«, sagte er, pulte schnell die Folie ab und teilte die Schokolade durch drei. Mit einem Plopp ließ er die Plastikkapsel aufspringen.

Stumm starrte Jonas auf die Spielzeugfigur, die darin lag. Plötzlich schmeckte die leckere Schokolade in seinem Mund überhaupt nicht mehr.

»Was ist?«, fragte Igor ungeduldig.

»Ein Dino, stimmt's?«, rief Pelle.

Jonas schüttelte den Kopf. »Ein Pirat …«, sagte er leise.

Pelle nickte beeindruckt. »Ist doch super.«

»Der passt perfekt zur neuen Pirateninsel«, meinte Igor begeistert.

Die ich sowieso nicht bekomme, dachte Jonas düster und antwortete nur mit einem »Hm-hm«.

Mies gelaunt ging er nach Hause. Da hatte er diese blöde Insel endlich mal für ein paar Minuten vergessen und dann steckte ausgerechnet ein Pirat in der Kugel. Plötzlich nahm er aus dem Augenwinkel etwas wahr. Im Schnee neben der Sitzbank lag irgendwas am Wegesrand. Ein blaues Portemonnaie. Jonas sah sich um. Weit und breit war niemand zu sehen. Neugierig bückte er sich und machte das Portemonnaie auf. Ihm stockte der Atem: Da waren drei Hunderteuroscheine drin! Hastig klappte er das Portemonnaie wieder zu und ließ es wie automatisch in seiner Tasche verschwinden, während seine Gedanken Purzelbäume schlugen. Dreihundert Euro! Mehr als genug für die Pirateninsel! Da war sogar noch ein tolles Weihnachtsgeschenk für Mama drin!

An der Haustür kam ihm die alte

Frau Pachulke aus dem ersten Stock entgegen. »Jonas!«, rief sie, ihr Gesicht war kreidebleich. »Mein Portemonnaie ist weg. Hast du es zufällig gesehen? Es ist blau.«

»Nein«, platzte es aus Jonas heraus. »Leider nicht.« Kaum hatte er das gesagt, tat es ihm auch schon leid.

»O Gott, da war so viel Geld drin«, jammerte die arme Frau Pachulke und Jonas merkte, dass sie vor Aufregung kaum noch Luft bekam. »Das ist … Das ist eine Katastrophe!«

Verzweifelt überlegte Jonas, was er machen sollte. Für die Wahrheit war es jetzt irgendwie zu spät. Da kam ihm eine Idee, und als Frau Pachulke kurz nicht guckte, ließ er das Portemonnaie in den Schnee fallen.

»Frau Pachulke, warten Sie«, rief er. »Ich hab's gefunden!«

Überglücklich nahm Frau Pachulke das Portemonnaie entgegen. Zum Dank wollte sie Jonas zu Kakao und Keksen einladen. Aber dafür plagte ihn das schlechte Gewissen viel zu sehr. Also sagte er schnell, dass Mama schon auf ihn wartete – was immerhin nicht gelogen war. Mit einem komischen Gefühl im Bauch stieg er die Treppe zu ihrer Wohnung hinauf. Die Pirateninsel war plötzlich gar nicht mehr wichtig. Dafür musste er ständig an Frau Pachulkes strahlendes Gesicht denken, als er ihr das Portemonnaie wiedergegeben hatte. Das war ein richtig gutes Gefühl gewesen! Nur dass er Frau Pachulke erst angelogen hatte – das fühlte sich gar nicht gut an! Kaum war er zur Tür herein, musste er Mama alles erzählen.

Zärtlich strich Mama ihm über den Kopf. »Ich bin stolz auf dich, mein

Großer!«, flüsterte sie und kurz meinte Jonas einen feuchten Schimmer in ihren Augen zu sehen. »Wo dir die Insel doch so viel bedeutet.«

»A…aber«, stotterte Jonas, »ich hab doch erst …«

»Jeder macht Fehler«, unterbrach Mama ihn. »Aber du hast deinen wiedergutgemacht. Darauf kommt es an. Außerdem bin ich mir sicher, dass dir so was nicht noch mal passieren wird.«

Jonas nickte. So was Blödes würde er ganz bestimmt nicht noch mal machen. Sofort ging es ihm wieder besser.

Allerdings war die Geschichte mit der Pirateninsel und Frau Pachulke damit noch nicht zu Ende. Jedenfalls nicht ganz. Denn wenige Tage später, an Heiligabend, fand Jonas ein großes Paket unter dem Weihnachtsbaum – mit einem Schildchen dran, auf dem stand:

Viele spannende Piratenabenteuer und frohe Weihnachten wünschen Mama, Frau Pachulke und der Weihnachtsmann

Und dreimal dürft ihr raten, was da drin war …

Das große Krippenspiel

Mit Bildern von Jennifer Coulmann

Ungeduldig sahen Lea und Ben zu, wie Akim sich von seiner Mutter verabschiedete. Es war Montagmorgen und vor der Kita Sonnenblume herrschte reger Betrieb.

Ben verdrehte die Augen. »Mann, was trödeln die denn so?«, stöhnte er, als Akim von seiner Mama noch einmal ordentlich gedrückt wurde. Dabei hatte er doch schon einen dicken Schmatzer bekommen.

Mit einem hastigen »Ich dich auch! Tschüss, Mama!« riss Akim sich endlich los und flitzte auf Ben und Lea zu. Wie alle Sonnenblumler hatte auch Akim es heute besonders eilig. Denn nach dem Frühstück sollten die Proben für das Krippenspiel beginnen. »Immer diese Knutscherei«, brummte er, als er bei seinen Freunden ankam.

Lea und Ben grinsten nur. Dann liefen sie gemeinsam zum Eingang. Durch die Fenster war der große Adventskranz zu sehen, auf dem schon die erste Kerze brannte. Heimelig leuchtete ihr Licht ihnen entgegen.

Doch drinnen war von gemütlicher Adventsstimmung nichts zu spüren. Statt Tannenduft empfing sie ein feuchter und modriger Gestank, und vor der Tür zum Festsaal, in dem die Proben fürs Krippenspiel stattfinden sollten, drängelten sich lauter Sonnenblumler. Alle redeten so laut durcheinander, dass Ben, Akim und Lea nur Wortfetzen aufschnappen konnten.

»Sauerei …!«

»Mist …!«

Das klang gar nicht gut. Rasch liefen die drei zu den anderen.

»Was ist denn los?«, rief Akim. »Lasst uns auch mal gucken!«

Einige Sonnenblumler machten Platz, sodass Lea, Ben und Akim einen Blick in den Festsaal erhaschen konnten. Vor Schreck blieb ihnen die Spucke weg. Der ganze Raum war pitschepatschenass und der schöne glatte Holzboden war zu einer hässlichen Hügellandschaft aufgequollen. Mittendrin standen Konstanze und Christine, ihre Erzieherinnen, und sahen sich fassungslos um.

Wenig später erzählten sie den Kindern, was passiert war. Konstanze war noch ganz aufgeregt. »Am Wochenende ist ein Wasserrohr geplatzt«, berichtete sie. »Wie eine Fontäne ist das Wasser herausgeschossen, als ich mit dem Hausmeister ankam!«

»Und was ist mit dem Krippenspiel?«, fragte Akim. »Das fällt doch nicht aus, oder?«

Erschrocken guckten die Sonnenblumler ihre Erzieherinnen an.

»Wir räumen auch mit auf«, rief Lea eifrig und alle nickten.

»Danke, das ist nett von euch«, sagte Christine und zum ersten Mal an diesem Morgen konnten sie und Konstanze wieder lächeln. »Aber wir haben uns schon was überlegt. Wir gehen nach nebenan. Ins Altersheim Sonnenschein.«

»Ins Altersheim?«, fragte Ben verblüfft. Und auch die anderen machten große Augen.

»Ja, Sonnenblume und Sonnenschein … Passt doch prima, oder?«, schmunzelte Konstanze. »Ich habe mit der Leiterin gesprochen«, fuhr sie

fort. »Wir können den großen Saal dort nutzen. Für die Proben und sogar für die Aufführung. Ihr könnt also nicht nur eure Eltern, sondern auch eure Freunde einladen!«

Alle brachen in lauten Jubel aus und dann marschierten die Sonnenblumler mit einer Puppe als Jesuskind und einem Korb als Krippe nach nebenan. Doch schon in der Eingangshalle war die gute Stimmung dahin. Wie trist es hier aussah! Wohin man auch blickte: überall nur graue Wände und es gab nicht einmal selbst gemalte Bilder. Ein Altersheim namens »Sonnenschein« hatten sich jedenfalls alle anders vorgestellt.

Wenigstens schien Frau Hansen, die Leiterin, nett zu sein. Mit fröhlichem Lächeln begrüßte sie die Gruppe und führte sie in den riesigen Saal – wo es leider genauso grau und langweilig aussah. Doch wenigstens waren alle erst einmal abgelenkt, denn nun wurden die Rollen für das Krippenspiel ausgelost. Lea und Akim hatten Glück: Sie durften Maria und Josef spielen. Ben sollte ein Engel sein. Doch er tauschte lieber mit Olga und wurde einer der Heiligen Drei Könige.

Dann konnten die Proben beginnen. Aber auf der fremden Bühne und so allein in dem riesigen Saal fühlte es sich irgendwie komisch an. Am Ende waren alle froh, dass der Tag vorbei war.

Mit wenig Lust kehrten die Sonnenblumler am nächsten Morgen zurück. Als sie jedoch in den Festsaal kamen, staunten sie nicht schlecht: Die Wände waren mit leuchtend bunten Stoffbahnen geschmückt und überall hingen Tannenzweige.

»Die Heimbewohner wollten es euch ein bisschen gemütlicher machen«, begrüßte sie Frau Hansen. »Wir hoffen, es gefällt euch.«

Das tat es! Mit neuem Schwung ging es ans Proben. Doch kaum hatten sie die Bühne betreten, gab es schon die nächste Überraschung.

»Dürfen wir zuschauen?«, fragte ein junger Mann, der mit vier Omas und Opas vor der Bühne stand. »Ich heiße Peter und arbeite hier als Pfleger«, sagte er. »Und das sind meine Freunde.« Kaum hatte er das gesagt, strahlten die vier älteren Herrschaften über das ganze Gesicht.

»Ich bin Werner«, rief ein Opa, der im Rollstuhl saß. Dann nannten auch die anderen ihre Namen: Sie hießen Hiltrud, Anne und Theo.

Natürlich hatte niemand etwas gegen Zuschauer und so probten sie direkt weiter. Doch kurz darauf gab es die nächste Unterbrechung.

»Kann ich das Jesuskind sein?«, rief Opa Werner, als Lea die Puppe in die Krippe legen wollte.

»Nee, Werner«, sagte Peter sanft. »Guck mal, die haben doch schon ein Jesuskind.«

Opa Werner wurde traurig und eine Träne kullerte ihm die Wange hinunter. Fieberhaft fingen alle an zu überlegen, wie sie Opa Werner trösten konnten.

Da hatte Ben eine Idee. »Dann bist du eben einer der Heiligen Drei Könige!«, rief er. »Hirte zu sein, ist für mich auch okay.« Schnell setzte er Opa Werner seine Königskrone auf. »Super, oder?«, sagte er und guckte zu Peter.

»Spitzenmäßig!«, freute sich Peter und auch Konstanze und Christiane nickten begeistert. Da strahlte Opa Werner wieder.

Peter wollte ihn gerade auf die Bühne schieben, als sich Oma Hiltrud meldete. »Kann ich auch mitmachen?«, fragte sie.

Das konnte sie natürlich, genauso wie

Opa Theo und Oma Anne. Auch wenn das zuerst nicht ganz einfach war. Denn wie die Sonnenblumler von Peter erfuhren, ging es den vieren nicht so gut. Genauer gesagt ihrem Kopf, in dem die Gedanken und Erinnerungen manchmal wie wild Achterbahn fuhren. Oma Hiltrud zum Beispiel verhaspelte sich dauernd mit ihrem Text, obwohl sie eigentlich nur fünf Wörter aufsagen musste. Aber dafür hatte sie eine wunderschöne Engelsstimme und konnte sogar noch alle Lieder aus ihrer Kindheit singen. Und so fand schließlich jeder den richtigen Platz.

In den nächsten Tagen kamen immer mehr Heimbewohner dazu. Einige machten bei den Hirten oder im Engelschor mit, während andere ein tolles Bühnenbild bauten.

Alle gaben ihr Bestes und am Ende wurde das Krippenspiel ein Riesenerfolg – mit den Sonnenblumlern, einem Heiligen König im Rollstuhl, einem ziemlich runzligen Engel mit himmlischer Stimme und dem schönen Gefühl, dass Sonnenblume und Sonnenschein prima zusammenpassten.

Polterbackes Weihnachtsfest

Mit Bildern von Elli Bruder

»Was bildet sich der Wicht eigentlich ein?«, knurrte Raubritter Polterbacke und meinte damit niemand anderen als den Burgpfarrer – einen blassen Milchbubi, der keine Ahnung hatte, wie einem ehrlichen Raubritter zumute war.

Gerade war Polterbacke vom Sonntagsgottesdienst in seine Gemächer zurückgekehrt. Noch immer hallten ihm die letzten Worte des Pfaffen im Ohr: »Und denket daran, dass Geben seliger ist als Nehmen!« Und wie er Polterbacke dabei angesehen hatte!

Pah, Geben seliger als Nehmen! Polterbacke überlegte, ob er zur Beruhigung ein paar Untergebene zusammenbrüllen sollte. Aber das war irgendwie auch anstrengend. Also ging er zum Fenster, um ein bisschen frische Luft zu schnappen. Er starrte auf den verschneiten Burghof hinab und fühlte sich auf einmal richtig müde. Ständig zu rauben und böse zu sein war auf die Dauer ganz schön mühselig. Erst recht zur Weihnachtszeit, wenn alle nur noch von Liebe und Frieden faselten.

Da blieb sein Blick an einem Jungen hängen. Unter Anleitung von Polterbackes Waffenmeister hieb er mit seinem Holzschwert auf eine Strohpuppe ein. Gleich ging es Polterbacke wieder besser. Das war sein Neffe Felix. Seine Eltern hatten ihn geschickt, damit Polterbacke einen ordentlichen Ritter aus ihm machte. Nicht mehr lange und Felix würde ihm beim Rauben und Angst- und-Schrecken-Verbreiten helfen können.

Aber wieso eigentlich noch lange warten, überlegte Polterbacke. »He, Felix!«, rief er in den Burghof hinunter. »Komm doch mal her!«

»Ja, Onkel«, rief Felix und lächelte ihn freundlich an, als er kurz darauf vor ihm stand. »Was kann ich für dich tun?«

Einen Moment war Polterbacke durcheinander, weil er es nicht gewohnt war, angelächelt zu werden. »Äh …«, begann er und kratzte sich am Kopf. »Ach ja! Nimm dir zwei Männer und klau ein Schwein aus dem Dorf, für den Sonntagsbraten morgen.«

»Gerne, Onkel«, sagte Felix. »Kann ich sonst noch was für dich tun?«

»Äh, n…nein«, stammelte Polterbacke. Verflixt noch mal! Da wäre ihm doch beinahe ein »Nein danke« herausgerutscht! »Du kannst gehen.« Stirnrunzelnd blickte er Felix nach. Na, diese Freundlichkeit würde er ihm noch austreiben! Das machte einen ja ganz wuschig!

Aber auch Felix hatte seine Pläne: Na, dieses Rumgepolter werde ich ihm noch austreiben!, dachte er und machte sich wenig später mit zwei Soldaten auf den Weg ins Dorf. Fröhlich pfiff er ein Weihnachtsliedchen vor sich hin. »Was ist?«, fragte Felix, als er merkte, dass seine Begleiter komisch guckten. »Musik macht gute Laune. Probiert's mal aus!«

»Äh, gute Laune war hier bisher nicht so unser Ding«, sagte der eine verdattert.

Felix grinste nur. »Mitpfeifen! Ach ja, und freundlich winken, wenn wir ins Dorf kommen. Das ist ein Befehl!«

Also blieb den beiden nichts anderes übrig, als es wie Felix zu machen.

Verwundert rieben die Dorfbewohner sich die Augen, als die drei pfeifend und winkend ins Dorf kamen. Doch das Staunen wurde noch größer, als Felix ein schönes Schwein gefunden hatte. »Was willst du dafür haben?«, fragte er den Bauern.

»Was ich dafür haben will?«, wiederholte der Bauer und guckte so verdattert, als hätte Felix ihn gefragt, ob das Schwein auch fliegen könnte.

Seufzend kramte Felix ein paar Münzen aus der Tasche. »Reicht das?«

»Ja … aber …«

»Aber, junger Herr!«, rief einer der Soldaten. »Ihr könnt ihm doch kein Geld geben! Was, wenn euer Onkel das erfährt?«

»Wird er aber nicht!«, sagte Felix munter. »Sonst wäre nämlich eine Weihnachtsüberraschung verdorben, die ich für ihn vorbereite. Und das würde ihn gar nicht freuen. Wollt ihr das?«

Eifrig schüttelten die beiden den Kopf. Nein, das wollten sie auf keinen Fall. Zum Abschied flüsterte Felix dem Bauern etwas ins Ohr. »Und schön weitersagen!«, fügte er laut hinzu.

Obwohl sich Felix' Begleiter keinen Reim auf die Sache machen konnten, verrieten sie kein Sterbenswörtchen. In seiner Freude über das vermeintlich geklaute Schwein erteilte Polterbacke gleich weitere Aufträge. So hätten längst mal wieder ein paar Händler auf der Landstraße ausgeraubt werden müssen. Und auch die Fallgruben, die er an der Grenze für seinen Raubritter-Konkurrenten Bollerbacke gebuddelt hatte, mussten dringend kontrolliert werden.

Das alles erledigten Felix und seine beiden Helfer so gut, dass Polterbacke sein Glück kaum fassen konnte. Es dauerte nicht lange und auf der langen Tafel im Rittersaal türmten sich Ballen feinster Seide, Krüge mit Gewürzen aus

dem Orient und andere Kostbarkeiten. In wenigen Tagen raubten die drei mehr zusammen als Polterbacke sonst in einem Jahr. Jetzt fehlte nur noch, dass sie seinen alten Erzfeind Bollerbacke erwischten, dachte Polterbacke zufrieden.

Und er musste nicht lange warten. Morgens am Heiligabend brachte Felix ihm ein Schwert in seine Gemächer. »Hier, Onkel«, sagte er feierlich.

Verblüfft starrte Polterbacke auf das Schwert. »Die Klinge gehört doch Bollerbacke.«

»Gehörte«, verbesserte ihn Felix.

»Gehörte?«, fragte Polterbacke und kriegte merkwürdigerweise einen Schreck. »Was ist mit ihm passiert?«

»Na ja …«, begann Felix zögernd. »Er ist tatsächlich in eine deiner Gruben gefallen. Aber zwei Wölfe auch … und die haben ihn …« Er verstummte. Aber Polterbacke konnte sich den Rest denken.

Stumm starrte er auf das Schwert. Er hatte Bollerbacke eins auswischen wollen, das schon. Aber er hatte doch nicht gewollt, dass es so ein schlimmes Ende mit ihm nahm! Plötzlich schienen sich all die Jahre des Raubens und Böseseins wie ein Felsbrocken auf sein Herz zu legen. Was ist nur los mit mir?, dachte Polterbacke und hätte heulen können.

Felix merkte, wie es seinem Onkel ging. »Komm mal mit in den Rittersaal, Onkel. Ich habe eine Überraschung für dich.«

Traurig schlurfte Polterbacke ihm hinterher. Dann öffneten sich die Türen zum großen Saal und der Raubritter traute seinen Augen nicht. Der festlich geschmückte Raum war voller Leute – Bauern aus dem Dorf, Händler, Soldaten und … Bollerbacke, der ihm entgegenkam.

»Danke für die Einladung zum Weihnachtsfest«, sagte er.

»A…aber die Grube … und die Wölfe …«, stammelte Polterbacke.

Bollerbacke winkte ab. »Vergeben und vergessen. Felix hat mich gerade noch rechtzeitig gerettet. Zum Dank habe ich ihm mein Schwert geschenkt. Freunde?«, sagte er und streckte Polterbacke die Hand entgegen.

»Freunde!«, sagte Polterbacke.

Feierlich schüttelten sie sich die Hände.

Dann wurde Polterbacke von den anderen Gästen umringt. Alle freuten sich und jeder hatte ein kleines Geschenk dabei. Die Händler bedankten sich überschwänglich dafür, dass Polterbacke sie von jetzt an beschützen wollte. Herzlich gerne hätten sie ihm dafür die Seide und all die anderen Sachen gegeben.

Polterbacke brachte kein Wort heraus.

All die Jahre war ich so, wie ich gar nicht sein wollte, dachte er verwundert. Und als er so in lauter freundliche und lächelnde Gesichter sah, wurde ihm plötzlich ganz leicht ums Herz. Lächelnd sah er Felix an. »Die Einladungen und das alles hier … Das ist doch dein Werk, oder?«

Felix nickte grinsend. »Frohe Weihnachten, Onkel.«

»Frohe Weihnachten«, sagte Polterbacke und fühlte sich mit einem Mal so glücklich, wie er es zuletzt als kleiner Junge gewesen war.

Rune, Kune und die Einhornkutsche

Mit Bildern von Isabel Große Holtforth

Zufrieden betrachtete Kimmo sein Werk. Er hatte wieder einmal ganze Wichtelarbeit geleistet. Der Flugschlitten des Weihnachtsmanns blitzte, dass es eine Pracht war. Weihnachten konnte kommen. Doch dann fiel Kimmo ein, was gerade im Wichteldorf los war, und die gute Laune verging ihm schlagartig.

Ob Plätzchenbäckerei oder Spielzeugwerkstatt – überall ging es drunter und drüber, weil die Hälfte der Wichtel mit Grippe im Bett lag. Und vor ein paar Tagen hatte es auch noch den Weihnachtsmann erwischt!

Seit hundert Jahren kümmerte sich Kimmo nun schon um den Schlitten und die Flugrentiere des Weihnachtsmanns. Aber so etwas hatte er noch nicht erlebt. Wenn das so weiterging, fiel womöglich sogar Weihnachten aus!

Mit energischem Kopfschütteln vertrieb Kimmo diesen schlimmen Gedanken. »Wachs lieber die Schlittenkufen ordentlich ein, du Trödelwichtel!«, schimpfte er mit sich selbst.

Vorsichtig kippte er den Schlitten auf die Seite und machte sich mit Wachstopf und Putzlappen über die Kufen her. Er war so eifrig bei der Sache, dass er gar nicht hörte, wie hinter ihm die Stalltür aufglitt.

Plötzlich spürte er etwas Feuchtes im Nacken.

»UÄÄÄÄH!«, schrie Kimmo. Vor Schreck plumpste er auf den Hosenboden.

»ÖCHÖ-ÖCHÖ-ÖCHÖ!«, erschallte grunzendes Rentiergelächter.

»Haha, sehr witzig«, sagte Kimmo und drehte sich um. Vor ihm standen Rune und Kune, die beiden Flugrentiere des Weihnachtsmanns. Wieder einmal war Kimmo auf einen ihrer Streiche hereingefallen. Munter stupsten sie ihn mit ihren Nasen an. »Ja, ja, wenn ihr denkt, jetzt gibt's auch noch einen Apfel, dann habt ihr euch geschnitten«, brummte Kimmo. Aber wie immer konnte er Rune und Kune nicht wirklich böse sein. Seufzend holte er zwei schöne Äpfel aus der Apfelkiste. Mit genüsslichem Schmatzen ließen es sich die beiden schmecken. Dann sahen sie den Wichtel erwartungsvoll an.

»Nix da!«, sagte Kimmo streng. »Sonst kriegt ihr nur wieder Durchfall.«

Doch Rune und Kune zeigten nur mit entrüstetem Nicken auf den großen Schlitten.

Da kapierte Kimmo. »Ah, euch fehlen die Übungsflüge mit dem Weihnachtsmann, stimmt's?«

Wieder nickten die beiden eifrig und machten dabei große, traurige Rentieraugen.

»Nun guckt doch nicht so!« Zu gerne wäre Kimmo mit ihnen geflogen. Wenigstens ein einziges Mal. Nur leider verstand sein Chef, der Weihnachtsmann, keinen Spaß, wenn es um den Schlitten ging. Andererseits … Rune und Kune brauchten dringend Training. Und hatte sich Kimmo den Rundflug zu seinem hundertsten Weihnachtsfest nicht auch redlich verdient? Eine kleine Spritztour vor dem Abendbrot – was sollte da schon passieren?

»Wisst ihr was?«, sagte er. »Ich mach's!«

»ÖRG-ÖRG-ÖRG!«, röhrten Rune und Kune begeistert.

Von Kimmo gelenkt und von Rune und Kune gezogen glitt der Schlitten kurz darauf hinaus. Eine Weile sausten sie im Mondlicht über den funkelnden Schnee dahin. Kimmo grinste zufrieden. Das klappte ja wunderbar!

»Schneller, Rune und Kune!«, rief Kimmo. »Hoch mit uns!«

Der Schlitten hob ab.

»Juhu!«, jubelte Kimmo.

Höher und höher stiegen sie, bis plötzlich ein steiler Berghang vor ihnen in der Dunkelheit auftauchte.

Mit offenem Mund starrte Kimmo auf das Hindernis aus Fels und Tannenwald. »Rune, Kune! Vollgas!«, schrie er.

Mit einem Ruck schoss der Schlitten steil in die Höhe. Kimmo kniff die Augen zusammen, als die schwarze Tannenwand auf sie zuraste. Dann schrammten die Schlittenkufen auch schon haarscharf über die Baumspitzen hinweg.

»Uff, das war knapp!«, ächzte Kimmo, seine Knie waren weich wie Pudding. Auf einmal hatte er genug vom Fliegen.

»Wir kehren besser um«, murmelte er. Doch da schüttelte ein mächtiger Windstoß den Schlitten. Und gleich darauf noch einer. Dann begann es zu schneien und kurz darauf flogen sie durch den dichtesten Schneesturm. Der Schlitten wurde wild hin und her geworfen und bald ging Rune und Kune die Puste aus. Kimmo musste etwas unternehmen oder ihre Spritztour würde ein böses Ende finden. Verzweifelt schielte er auf den roten Notfallknopf. Noch nie zuvor war er gedrückt worden, nicht in Tausenden von Jahren … Egal!

Mit einem lauten PENG! lösten sich die Leinen und von der Last des Schlittens befreit, verschwanden Rune und Kune im Schneegestöber. Wie ein Stein fiel der Schlitten in die Tiefe. Dann öffneten sich die Rettungsfallschirme. Aber leider nicht alle. Mit Karacho raste Kimmo dem Boden entgegen. Fest an den Schlitten gekrallt, schloss er die Augen. Ein gewaltiges KRACK! ertönte und die Welt versank in tiefer Dunkelheit.

Blinzelnd schlug Kimmo die Augen auf und rappelte sich hoch. Er saß auf einer Blumenwiese. Vögel zwitscherten, bunte Schmetterlinge flatterten umher und die Sonne schien vom Himmel. Hatte er das etwa alles nur geträumt? Dann entdeckte er den Schlitten. Oder besser gesagt: den traurigen Rest, der davon übrig war.

»O nein!«, stöhnte er. Die Erkenntnis traf ihn wie ein Schlag: Ohne Schlitten keine Geschenke für die Kinder und ohne Geschenke … kein Weihnachten! Kimmo wurde schwindlig.

»KIHIHIHIHI! Du guckst ja blöd!«, ertönte es da neben ihm, begleitet von einem Flügelsirren.

Kimmo erstarrte. Dieses alberne Gekicher und Gesirre … Das kannte er doch. Plötzlich wusste er, wo er war! Im Feenland, wo immer die Sonne schien und Vögel zwitscherten. Ausgerechnet bei den nervigen Feen!

Prompt zupfte ihn eines der Flatterwesen am Ohr. »KIHIHIIII! Lach doch mal!«

Schon landete eine zweite Fee auf seiner langen Nase. »KIHIHIHI! Bist du kitzelig?«

Im nächsten Moment war Kimmo von lauter Feen in rosafarbenen und himmelblauen Kleidchen umschwirrt, die ihn mit albernen Streichen piesackten.

Das war einfach zu viel. Kimmo konnte nicht mehr.

»Ihr seid so gemein!«, schluchzte er. Mit Tränen in den Augen ließ er sich ins Gras plumpsen.

Plötzlich bekamen die Feen Mitleid mit dem Wichtel. Aufgeregt riefen sie durcheinander.

»Oje, was hast du denn?«

»Bitte wein doch nicht!«

»Was ist denn los?«

Da erzählte Kimmo alles. »Und ich weiß nicht mal, was mit Rune und Kune passiert ist«, schniefte er am Schluss.

»Ach, keine Bange«, tröstete ihn eine Fee. »Die haben den Schneesturm heil überstanden und lassen sich gerade unser süßestes Wiesengras schmecken.«

»Und mit Weihnachten können wir euch auch helfen!«, fügte eine andere Fee hinzu und schwirrte schon davon. Als sie wiederkam, traute Kimmo seinen Augen nicht: Rune und Kune folgten ihr und zogen ein ganz unglaubliches Gefährt hinter sich her: eine fiesrosa Einhornkutsche.

»Damit kann der Weihnachtsmann jetzt die Geschenke ausfahren«, verkündete die Fee strahlend. »Ist die nicht toll?«

Kimmo, Rune und Kune nickten zaghaft. Denn bei aller Dankbarkeit fanden sie die Kutsche doch eher etwas peinlich. Aber das war jetzt egal.

Zusammen mit den Feen ging es zurück ins Wichteldorf, wo die munteren Helfer mit reichlich Feenstaub und Gekicher im Handumdrehen alle Wichtel von der Grippe heilten. Und natürlich auch den Weihnachtsmann. Der war zuerst zwar ein bisschen böse wegen des kaputten

Schlittens, aber da ohne Kimmo immer noch alle krank gewesen wären, kam der Wichtel mit einem kleinen Rüffel davon. Schließlich hatte er das Weihnachtsfest gerettet – auch wenn der Weihnachtsmann die Geschenke diesmal mit einer rosa Einhornkutsche bringen musste.

Zweimal Weihnachten in einem Jahr

Mit Bildern von Jennifer Coulmann

Aufgeregt sah Leo sich in seinem Zimmer um. Hatte er alles dabei? Verflixt, Kasimir fehlte noch! Rasch holte Leo seinen Teddy aus dem Bett und packte ihn in seinen Rucksack. Puh, gerade noch rechtzeitig! Gleich kamen Konstantin und sein Papa. Konstantin war Leos bester Freund. Er und seine Familie, die Popows, wohnten noch nicht lange in Deutschland. Aber seit dem ersten Tag in der Kita machten er und Leo fast alles zusammen. Und nun hatte Konstantin ihn zu Silvester eingeladen.

DING-DONG!, ertönte es im Flur. Das mussten sie sein! Leo schnappte sich den Rucksack und flitzte hinaus. An der Garderobe warteten bereits Mama und Papa, um Tschüss zu sagen. Schnell zog Leo seine Jacke an und machte die Haustür auf.

»Hallo, Frau Schmid, hallo, Herr Schmid«, begrüßte Konstantin sie atemlos. »Hallo, Leo! Beeil dich! Bei uns wartet eine Überraschung!« Das hörte sich so spannend an, dass Leo fast auf Socken rausgeflitzt wäre.

»Moment!«, sagte Mama und zeigte auf seine Füße. »Hast du nicht was vergessen?«

»Und was anderes vielleicht auch?«, fügte Papa hinzu. Augenzwinkernd zeigte er auf seine Wange.

»Ach ja!«, rief Leo. Hastig gab er den beiden einen Schmatzer, schlüpfte in seine Jacke und ruckelte sich in die Stiefel. Dann stürmten die beiden Jungs mit einem lauten »Tschü-hüss« hinaus.

»Hallo, Leo. Kak tebje?«, begrüßte ihn Konstantins Papa unten im Auto.

»Kak-was?«, fragte Leo verwirrt. Konstantins Papa konnte noch nicht so gut Deutsch. Deswegen sprach er immer mal Russisch mit ihm, was Leo irgendwie ziemlich cool fand.

Konstantin grinste. »Papa fragt, wie es dir geht«, erklärte er.

»Ach so!«, grinste Leo zurück. »Danke! Cho-ro-scho!« Das hieß »gut«, wie er von Konstantin wusste.

»Super!«, freute sich Konstantins Papa.

Unterwegs fragte Leo den beiden wegen der Überraschung fast Löcher in den Bauch. Aber sie wollten einfach nichts verraten.

»Du wirst Augen machen!«, sagte Konstantin nur geheimnisvoll.

Bei ihrer Ankunft wurde die Sache sogar noch geheimnisvoller. Denn kaum hatte Konstantins Mama Leo begrüßt, sagte sie etwas sehr Merkwürdiges: »Wie schön! Jetzt können wir alle zusammen den Tannenbaum schmücken.«

Doch wegen Mascha, dem Hündchen der Popows, hatte Leo zunächst gar keine Zeit, sich zu wundern. Mit lautem »Wäff-Wäff!« kam sie angeflitzt und ließ sich von Leo erst einmal ordentlich streicheln. Aber als sie Konstantins Mama dann ins Wohnzimmer folgten, stand da tatsächlich ein Tannenbaum – nackt und grün, als käme er gerade aus dem Wald. Und auf dem Boden davor standen lauter offene Kartons mit Tannenbaumschmuck.

Jetzt machte Leo wirklich große Augen. Baumschmücken an Silvester? Ihm schwirrte der Kopf. »Aber ist es nicht schon viel zu spät zum Tannenbaumschmücken?«

Lächelnd sahen sich die Popows an. »Nicht für uns«, erklärte Konstantins Mama. »In Russland werden Weihnachten und Silvester zusammen gefeiert.«

Jetzt war Leo völlig baff. »Weihnachten und Silvester? Zusammen?«

Konstantins Mama nickte. »Genau. Und der Baum wird gemeinsam mit guten Freunden geschmückt. So wie dir!«

»Ist das nicht super?!«, rief Konstantin. »So kannst du zweimal Weihnachten in einem Jahr feiern!«

Obwohl Leo das ganz schön komisch fand, hörte sich die Idee mit dem zweimal Weihnachten Feiern richtig gut an. Mit Feuereifer machten sich die Popows und Leo ans Schmücken. Stolz betrachteten sie anschließend ihr glitzerbunt funkelndes Werk.

»Wie aus dem Märchenwald«, flüsterte Konstantins Mutter ehrfürchtig.

Konstantin nickte feierlich. »Als hätte der Weihnachtsmann den Baum höchstpersönlich vorbeigebracht«, sagte er strahlend. Das brachte

Leo auf einen Gedanken. »Sag mal, kommt heute eigentlich auch der Weihnachtsmann?«, fragte er Konstantin, als sie wenig später in seinem Zimmer spielten.

»Na klar!« Konstantin nickte. »Nur dass er bei uns Väterchen Frost heißt. Und er hat noch seine Enkelin Schneeflöckchen dabei. Um Mitternacht bringen sie mit dem Pferdeschlitten die Geschenke und …«

PAFF!, unterbrach ihn da ein lauter Knall. Draußen auf der Straße wurden die ersten Silvesterknaller gezündet. Rasch liefen die beiden ans Fenster, um zuzugucken.

»Blöd, dass wir keine Knaller haben«, murmelte Konstantin.

»Hm-hm«, machte Leo nur. Denn ihn beschäftigte etwas ganz anderes. »Aber wie sollen denn dieser Väterchen Frost und seine Enkelin mit dem Pferdeschlitten kommen? Draußen liegt doch nicht mal Schnee.«

»Die können bestimmt irgendwie zaubern«, antwortete Konstantin und guckte weiter auf die Straße, wo wieder ein Knaller gezündet wurde. PAFF!

»Aber eigentlich bringt doch der Weihnachtsmann die Geschenke. Und zwar der echte, der Heiligabend-Weihnachtsmann«, ließ Leo nicht locker. »Was würde der wohl sagen, wenn das auf einmal ein anderer macht – und dann auch noch bis Silvester rumtrödelt?«

Konstantin sah Leo empört an. »Rumtrödelt?«, sagte er und klang ein bisschen sauer. »Väterchen Frost und Schneeflöckchen trödeln nicht rum! Und die sind genauso echt wie dein Heiligabend-Weihnachtsmann – wenn nicht sogar noch echter.«

Das wollte Leo natürlich nicht auf dem Weihnachtsmann sitzen lassen. Aber bevor es zu einem richtigen Streit kommen konnte, platzte Konstantins Mama herein.

»Mascha ist weg!«, rief sie aufgeregt. »Die Wohnungstür stand nach dem Spaziergang einen Moment auf. Ich fürchte, sie ist rausgelaufen, als ich kurz nicht geguckt habe. Helft ihr mir suchen?«

Da waren sogar der Weihnachtsmann, Väterchen Frost und Schneeflöckchen vergessen. Über eine Stunde suchten alle zusammen – im Treppenhaus, im Keller und in der ganzen Nachbarschaft. Aber Mascha blieb verschwunden.

Traurig kehrten sie in die Wohnung zurück. Niemand hatte mehr Lust zu feiern. Doch als sie im Flur ihre Schuhe auszogen, hörte Leo es als Erster: ein Winseln unter dem Schuhschrank. Ganz, ganz leise. Leo bückte sich und guckte nach. Zwei große Hundeaugen blickten ihn an.

»Mascha!«, rief er. »Da bist du ja!«

Aus Angst vor der lauten Knallerei hatte sich das Hündchen versteckt. Alle freuten sich, dass ihm nichts passiert war, und als Konstantins Mama es auf den Arm nahm, ging es ihm gleich besser.

Nun wurde es doch noch ein wunderschönes Silvester-Weihnachten oder Weihnachts-Silvester. Aber das Allerschönste kam erst noch. Denn nachdem sie draußen das Silvesterfeuerwerk bestaunt hatten, lagen im Wohnzimmer lauter Geschenke unter ihrem Tannenbaum. Auch an Leo hatten Väterchen Frost und Schneeflöckchen gedacht.

Und als sie wenig später gemütlich vor dem Tannenbaum saßen, hätte Leo vor Glück fast platzen können – vor Glück, wie es das sonst nur zu Weihnachten gab.

»Weißt du was?«, flüsterte er Konstantin zu. »Ich glaube, Väterchen Frost, Schneeflöckchen und der Weihnachtsmann sind dicke Kumpel.«

»Genau wie wir!«, sagte Konstantin und strahlte.

Die Wunschoma

Mit Bildern von Elli Bruder

»Na, Emily«, sagte Mama, »hast du schon eine Idee, was du dir vom Christkind wünschst?«

Emily und Mama hatten es sich am Esszimmertisch gemütlich gemacht. Die erste Kerze am Adventskranz brannte und der Teller mit frisch gebackenen Plätzchen verströmte einen leckeren Duft.

»Ja klar!«, rief Emily. »Ganz, ganz viele Ideen sogar.«

Mama musste schmunzeln. »Na, mal sehen, was sich machen lässt. Was wünschst du dir denn am allermeisten?«

Das war eigentlich eine leichte Frage, fand Emily, aber zugleich auch eine monsterschwierige. Am allermeisten wünschte Emily sich eine Oma. Oder einen Opa.

Die hatte sie nämlich nicht und das war jetzt vor Weihnachten ganz besonders blöd. Denn ihre Kita-Freunde redeten die ganze Zeit davon, was für tolle Sachen sie an Weihnachten mit ihren Großeltern unternehmen würden. Richtig schön hörte sich das an, fand Emily. Deswegen hätte sie fast gesagt: Am allermeisten wünsche ich mir eine Oma. Doch im letzten Moment überlegte sie es sich anders. Irgendwie hatte sie das Gefühl, dass das Christkind keine Omas und Opas brachte. Jedenfalls nicht einfach so, weil Mama das für sie auf den Wunschzettel schrieb.

»Das muss ja verflixt schwierig sein, wenn du so lange darüber nachdenkst«, riss Mamas Stimme sie aus ihren Gedanken.

Da verriet Emily ihren zweitliebsten Wunsch. »Das tolle pinke Fahrrad, das wir in der Stadt gesehen haben.«

Lächelnd schrieb Mama es auf den Wunschzettel. Danach zählte Emily noch ein paar andere Sachen auf, die Mama eifrig mitschrieb. Als sie fertig waren, bemalte Emily ihren Wunschzettel mit Tannenzweigen, Sternen, Mama, Papa, Emily, dem Christkind und ein paar Engeln. Mit einem der Engel gab sich Emily besonders viel Mühe und malte ihn so, dass er ein bisschen aussah wie eine liebe Oma. Vielleicht verstand das Christkind den Hinweis ja und konnte doch was machen.

Die ganze Adventszeit hoffte Emily auf ein kleines Oma-Weihnachtswunder – noch nie hatte sich das Warten so lang angefühlt. Aber dann war endlich Heiligabend.

Wie immer war das Wohnzimmer an diesem Tag verschlossen. Das machten Papa und Mama immer so, damit das Christkind in Ruhe seine Geschenke unter den Weihnachtsbaum legen konnte. Um sich die letzten Stunden Wartezeit zu vertreiben, ging Papa mit Emily in den Zoo. Und bei ihrer Rückkehr stand Mama schon im Flur.

»Das Christkind war da«, flüsterte sie.

Papa nickte feierlich. »Okay, dann schauen wir mal nach.«

Mit klopfendem Herzen folgte Emily den beiden zum Wohnzimmer. Staunend blieb sie in der offenen Tür stehen und wusste gar nicht, wo sie zuerst hingucken sollte. Der Tannenbaum funkelte und strahlte im Kerzenschein. Davor hatte das Christkind lauter wunderschön verpackte Geschenke abgelegt – auch ein ganz Großes. Jede Wette, dass da ein Fahrrad drin war! Aber es wurde noch aufregender. Als Emily auf den festlich gedeckten Tisch blickte, standen dort nämlich nicht nur drei Teller so wie sonst, sondern vier.

Emilys Gedanken schlugen Purzelbäume. Hatte das Christkind ihren Hinweis mit dem Oma-Engel etwa verstanden? Hatte es Mama vielleicht Bescheid gesagt, dass noch jemand kam?

Papa und Mama bemerkten Emilys Blick und sahen sich an. »Soll ich es erzählen oder willst du?«, fragte Papa.

Mama lächelte. »Mach du ruhig.«

Vor Aufregung hatte Emily einen Kloß im Hals. So benahmen sich Mama und Papa nur, wenn sie etwas ganz Wichtiges zu erzählen hatten. Plötzlich war sie sich fast sicher, was Papa gleich sagen würde …

»Du fragst dich bestimmt, für wen der vierte Teller ist, oder?«, begann Papa.

Emily nickte eifrig.

»Nun ja«, fuhr Papa fort, »Mama hat da etwas über einen Weihnachtsbrauch in Polen gelesen. Dort wird an Heiligabend immer für eine Person mehr gedeckt, als tatsächlich Leute anwesend sind. So soll an all jene gedacht werden, die Weihnachten alleine feiern müssen, weil sie sonst niemanden haben. Ist das nicht schön?«

Nein, das ist voll blöd!, hätte Emily am liebsten gesagt. Aber vor Enttäuschung brachte sie kein Wort heraus. Sie stand einfach da, starrte auf die vier Teller und spürte, wie ihr die Tränen kamen.

»Schatz, was ist denn?«, fragte Mama besorgt.

Ehe Emily etwas sagen konnte, klingelte es an der Wohnungstür. Aber nicht nur einmal, sondern mehrmals hintereinander. Als hätte es jemand furchtbar eilig.

»Na, wer macht denn da am Heiligabend so einen Stress?«, brummte Papa und verschwand im Flur. Mama und Emily folgten ihm neugierig. Papa machte die Tür auf. »Nun mal nicht so …«, begann er und verstummte sofort wieder.

Draußen stand ihre Nachbarin Oma Steinecke und war bleich wie ein Gespenst. »M…mein T…T…Tannenbaum!«, rief sie vollkommen aufgelöst. »Er brennt!«

Papa reagierte sofort. »Ruf die Feuerwehr!«, rief er Mama zu. Rasch schnappte er sich den Feuerlöscher, der zum Glück immer neben dem Schuhschrank bereitstand. Dann stürmte er auch schon hinüber in Oma Steineckes Wohnung.

Rauchschwaden quollen aus der offenen Tür und auf einmal roch es richtig verbrannt.

Sofort wollte Oma Steinecke Papa hinterherlaufen. Doch Mama hielt sie zurück. »Sie bleiben lieber hier«, sagte sie entschlossen. »Emily, bring Frau Steinecke schon mal ins Wohnzimmer, während ich die Feuerwehr rufe.«

Völlig zittrig ließ sich Oma Steinecke neben dem Weihnachtsbaum in einen Sessel fallen. Im nächsten Augenblick kullerten ihr ein paar Tränen über die Wange.

Im ersten Moment wusste Emily nicht, was sie tun sollte. Dann hatte sie eine Idee. »Keine Angst, Frau Steinecke«, rief sie. »Bin gleich wieder da!«

Sekunden später kam sie mit ihrem Kuschelhasen zurück. »Hier, Moppi hilft mir auch immer, wenn ich traurig bin«, sagte Emily und legte Oma Steinecke den Stoffhasen in den Schoß.

»Danke, das ist lieb von dir«, sagte Oma Steinecke und konnte schon wieder ein bisschen lächeln.

»Sie brauchen sich keine Sorgen zu machen«, versuchte Emily Frau Steinecke zu trösten. »Papa hat einen Feuerlöschkurs gemacht. Und den Löscher wollte er sowieso schon längst mal ausprobieren.«

Da musste Oma Steinecke gleich noch ein bisschen mehr lächeln.

Als dann die Feuerwehr kam, hatte Papa den Brand tatsächlich schon gelöscht. Aber leider war Oma Steineckes Schrankwand nun ziemlich verkokelt, der Teppich war voller Löschschaum und das Wohnzimmer verqualmt.

»Oje, was mach ich denn jetzt nur?«, stöhnte die alte Dame, als sie sich umsah.

»Keine Sorge«, sagte Papa, »wir helfen Ihnen beim Aufräumen und Saubermachen.«

»Und heute feiern Sie Weihnachten einfach mit uns zusammen«, fügte Mama so bestimmt hinzu, dass jeder Widerspruch zwecklos war.

So kam es, dass der vierte Teller an der Weihnachtstafel doch nicht leer blieb. Und als Emily Oma Steinecke dann nach dem Essen erzählte, was sie alles besonders gern mochte, erlebte sie noch eine ganz besondere Überraschung.

»Echt? Du gehst auch gerne in den Zoo?«, fragte Oma Steinecke strahlend. »Wie wär's, wenn wir da mal zusammen hingehen?«

Emily nickte begeistert. Jetzt hatte das Christkind ihr also doch noch eine Oma gebracht. Wenn auch anders als gedacht …

Meine Ersatzoma! ♥

Zaubern verboten!

Mit Bildern von Isabel Große Holtforth

Vorsichtig schnippelte Snorri mit seiner Schere durch das rote Tonpapier. Wunderschön würde sein Weihnachtsstern werden! Nur eine Sternenzacke noch, dann war er fertig.

Wie alle Schüler der Hexen- und Zaubererschule liebte er die Weihnachtszeit und konnte es kaum erwarten, endlich das erste Türchen an seinem Adventskalender aufzumachen. Beim Gedanken an die leckere Schokolade lief ihm das Wasser im Mund zusammen.

»He, kennste meinen neuen Lieblingswitz schon?«, riss ihn plötzlich eine Stimme aus seinen Tagträumereien. Es war Zitronella, seine Banknachbarin. Und damit Snorri auch wirklich zuhörte, verpasste sie ihm einen Knuff in die Seite.

»Mann, pass doch auf«, zischte Snorri. Fast hätte er eine Sternenzacke abgeschnitten. »Also, was ist?«, ließ Zitronella nicht locker.

»Erzähl schon«, seufzte Snorri. Er wusste, dass sie nicht eher Ruhe geben würde, bis sie ihren Witz erzählt hatte.

»Sieben plus zehn plus fünfundfünfzig Zauberstäbe. Was macht das?«

»Keine Ahnung«, brummte Snorri und schielte genervt zu ihr rüber.

»Ein Zauberstab-Mikado!«, rief Zitronella und verschluckte sich fast vor Lachen.

Snorri verdrehte die Augen. »Haha! Brüller!«, sagte er nur und erstarrte vor Schreck, als er wieder auf seinen Stern guckte. So ein Mist! Er hatte den letzten Sternzacken fast abgeschnitten. Und alles nur weil Zitronella ihm mal wieder einen ihrer blöden Witze erzählen musste.

Verzweifelt lugte er auf die große Klassen-Sanduhr. Gleich war die Stunde um. Nie und nimmer würde er jetzt noch einen neuen Stern hinkriegen. Und so einen perfekten wie seinen ersten schon gar nicht. Es sei denn …

Unauffällig guckte er sich um. Alle waren mit ihren Basteleien beschäftigt. Niemand achtete auf ihn. Auch ihr Lehrer Magister Petersilius nicht, der mit dem Hausmeister gerade den Adventskranz an der Decke befestigte.

Rasch fischte Snorri seinen Zauberstab aus der Schultasche, tippte mit der Spitze auf die kaputte Sternenzacke und flüsterte: »Unos reperfectum!« Ein grünes Leuchten umhüllte den Stern, der sich für einen Moment wie Wasser kräuselte. Dann war es geschafft.

Mit zufriedenem Grinsen betrachtete Snorri sein Werk. Der Stern war wieder perfekt.

Er wollte den Zauberstab gerade wieder in seine Tasche gleiten lassen, als er im Augenwinkel eine Bewegung wahrnahm. Hatte Zitronella etwa zugeguckt? Erschrocken lugte er zur Seite. Doch seine Banknachbarin hatte nur Augen für den Strohengel, den sie gerade bastelte. Erleichtert ließ Snorri den Stab wieder in seiner Tasche verschwinden.

Als Magister Petersilius wenig später durch die Bankreihen ging, blieb er bei Snorri stehen.

»Was für ein schöner Stern, Snorri!«, lobte er ihn. »Den hänge ich gleich ans Fenster.«

Snorri strahlte. Genau so hatte er sich das vorgestellt!

»Na, sieht das nicht toll aus?«, fragte Magister Petersilius die Klasse, als der Stern in weihnachtlichem Rot am Fenster leuchtete.

Snorri strahlte noch mehr.

Doch dann passierte es. Die Sternenzacken begannen sich zu verformen und im nächsten Augenblick löste sich der perfekte Stern in zähen Schneckenschleim auf. Mit einem ekligen Pitsch-Patsch tropfte das klebrige Zeug auf die Fensterbank.

»HAHAHA. Erwischt!«, tönte es in wildem Durcheinander durch die Klasse.

Kopfschüttelnd sah Magister Petersilius den kleinen Zauberschüler an. »Snorri, Snorri«, sagte er. Dann wandte er sich wieder an die Klasse. »Bei dieser Gelegenheit möchte ich noch einmal daran erinnern, dass Zaubern während der Adventszeit streng verboten ist. Denn gerade dann soll ja alles mit besonders viel Liebe und Sorgfalt gemacht werden anstatt einfach nur mit Zaubersprüchen und Fingerschnippen.« Er blickte Snorri über den Rand seiner Brille hinweg tadelnd an. »Das gilt übrigens auch für die Vorbereitungstage kurz vor dem Advent.«

Mist!, dachte Snorri. Er hatte so gehofft, dass dieses blöde Zauberverbot nicht vor dem ersten Dezember beginnen würde. Hätte diese nervige Zitronella ihn doch nur nicht abgelenkt. Diese Riesenpeinlichkeit war so was von unnötig! Doch dann sagte Magister Petersilius etwas, das ihn alles andere vergessen ließ.

»Natürlich gilt das Verbot auch für unseren alljährlich stattfindenden großen Lebkuchenhäuschen-Wettbewerb«, fuhr ihr Lehrer fort. »Für das schönste Häuschen gibt's diesmal etwas ganz Besonderes.« Er machte eine lange Pause, bis alle vor Neugier fast platzten. »Einen Ausflug für zwei ins Lamagica.«

Lauter Jubel hallte durchs Klassenzimmer. Das Lamagica war der tollste Vergnügungspark für kleine Zauberer und Hexen, und das nicht nur weil es dort sogar eine Geisterbahn mit echten Gespenstern gab! Auch die Schwebe-Achterbahn war unglaublich.

Snorri war völlig aus dem Häuschen. Von einem Besuch im Lamagica hatte er schon immer geträumt! Nur eines war zu dumm: Er hatte keine Ahnung, wie er gewinnen sollte. Denn in den vergangenen Jahren war er mit seinen Lebkuchenhäuschen immer zuverlässig auf den hinteren Plätzen gelandet. Keine guten Aussichten.

Auf dem ganzen Nachhauseweg zerbrach er sich den Kopf. Dann war er sich sicher: Da half nur Zauberei – Verbot hin oder her. Snorri musste grinsen. Denn er hatte schon eine Idee …

Zu Hause angekommen ging er gleich auf den Dachboden. In irgendeinem der Kartons musste noch Opas altes Zauberbuch sein. Darin hatte Snorri einmal einen tollen Schummelzauber entdeckt.

»Lamagica, ich komme!«, jubelte Snorri, als er das richtige Buch endlich gefunden hatte.

Dummerweise stellte sich der Schummelzauber jedoch als verflixt kompliziert heraus und irgendwann bekam Snorri vor lauter Zauberstabschwingen sogar einen Muskelkater. Doch er gab nicht auf und nach einigen Tagen war es geschafft: Wie aus dem Nichts tauchte plötzlich ein 1-a-Lebkuchenhäuschen auf dem Küchentisch auf. Strahlend betrachtete Snorri sein Meisterwerk.

»Hallo, Snorri«, hörte er auf einmal seine Mutter. Sie schaute durch die Küchentür. »Mensch, das ist ja super«, bestaunte sie sein Häuschen. »Und das hast du ganz alleine gebacken?«

PAFF!

Ehe Snorri antworten konnte, explodierte das Häuschen in einer gewaltigen Mehlwolke.

Erschrocken blinzelten sich Snorri und Mama an, sie waren über und über mit Mehl bestäubt.

»Na«, seufzte Mama schließlich, »hast du mir was zu erzählen?«

Snorri nickte traurig und rückte zögernd mit der Sprache raus. »Ach, Snorri«, seufzte Mama, als er fertig war. »Jeder weiß doch, dass man das Zaubereiverbot nicht austricksen kann. Komm, ich helfe dir jetzt beim Aufräumen«, tröstete sie ihn, »und dann backst du dein Lebkuchenhäuschen einfach noch mal. Aber diesmal ohne Zauberei.« Aufmunternd lächelte sie ihn an. »Und wer weiß, wenn du dir ganz viel Mühe gibst, gewinnst du vielleicht ja auch ohne Schummeln.«

Da müsste schon ein Wunder geschehen, dachte Snorri betrübt. Trotzdem gab er sein Bestes.

Am nächsten Tag kam er mit seinem Lebkuchenhäuschen in die Schule. Es war etwas schief und wackelig, aber dafür hatte es ein kunterbuntes Schokolinsendach und eine schöne Winterlandschaft aus Zuckerguss.

Vielleicht passiert ja doch ein Wunder, dachte Snorri, als Magister Petersilius den Gewinner verkündete.

»Der erste Preis – ein Ausflug ins Lamagica – geht dieses Jahr an … Zitronella!«

Zuerst war Snorri enttäuscht. Aber komischerweise gar nicht so sehr. Dafür hatte das Backen viel zu viel Spaß gemacht und schön geworden war das Lebkuchenhäuschen irgendwie auch.

»Und, Zitronella?«, fragte Magister Petersilius dann. »Wen willst du denn in den Vergnügungspark mitnehmen?«

»Snorri«, antwortete Zitronella. »Weil er ein guter Freund ist und sich immer meine Witze anhört.«

Und so erlebte Snorri dann doch noch ein echtes Weihnachtswunder!

Als der Nikolaus verschlief

Mit Bildern von Jennifer Coulmann

Ah, herrlich!«, seufzte der Nikolaus und ließ sich in seinem Lieblingssessel vor dem Kamin plumpsen. Genüsslich nippte er an einem heißen Tee, während er den prasselnden Flammen zuschaute. So ließ es sich aushalten. Vor allem wenn draußen ein eisiger Sturm ums Haus heulte und die Welt im Schnee versank.

Zu dumm nur, dass heute der fünfte Dezember war und er noch mal vor die Tür musste.

In der wohligen Wärme wurden seine Augen immer schwerer. Müde blickte er auf die Wanduhr. Schon sieben. Bestimmt stellten die ersten Kinder vor dem Schlafengehen schon ihre Stiefel raus.

»Nur noch ein bisschen die Augen zumachen«, murmelte der Nikolaus und stellte seinen Tee ab. Kurz darauf schallte sein lautes Schnarchen durchs Wohnzimmer.

KLABAFF!

Der Nikolaus schreckte hoch. Irgendetwas hatte ihn geweckt. Verwirrt sah er sich um.

KLABAFF!

Das Wohnzimmer erbebte unter lautem Krachen.

Da begriff der Nikolaus, was passiert war: Der Sturm hatte einen der Fensterläden losgerissen und das Ding knallte draußen scheppernd gegen die Hauswand. Rasch öffnete der Nikolaus das Fenster und machte den Fensterladen wieder fest.

Puh! Auf den Schreck hatte er sich noch einen Tee verdient.

Auf dem Weg in die Küche blieb sein Blick an der Wanduhr hängen. Ach, du dickes Christkind! Schon zehn! Er hatte völlig verschlafen.

Hals über Kopf stürmte er in den Flur hinaus. Der gefüllte Nikolaussack stand zum Glück schon bereit. Jetzt nur noch in den Mantel schlüpfen und dann ab in die Stiefel. Verflixt, waren die Dinger wieder eng! Hastig hüpfte der Nikolaus auf dem Flur herum, um seinen Fuß hineinzwängen. Doch dabei verlor er prompt das Gleichgewicht und stieß gegen den Sack.

Der kippte mit einem lauten RUMMS um.

Was war denn das? Der Nikolaus rieb sich die Augen. Aus dem Sack war etwas herausgefallen: ein buntes Osterei. Mit offenem Mund sah der Nikolaus zu, wie es über den Boden davonrollte.

Er stellte den Sack wieder auf und spähte hinein. Vor Schreck blieb ihm die Luft weg. Darin waren lauter Osterhasen und Ostereier! Was für eine Katastrophe! »Tief durchatmen, Lausi! Tief durchatmen!«, versuchte der Nikolaus sich selbst zu beruhigen.

Hatte ihm jemand einen Streich gespielt? Der Osterhase etwa? Nein, das konnte er sich nicht vorstellen. Aber der Gedanke an den Osterhasen brachte ihn auf eine Idee.

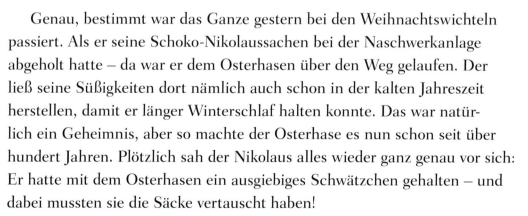

Genau, bestimmt war das Ganze gestern bei den Weihnachtswichteln passiert. Als er seine Schoko-Nikolaussachen bei der Naschwerkanlage abgeholt hatte – da war er dem Osterhasen über den Weg gelaufen. Der ließ seine Süßigkeiten dort nämlich auch schon in der kalten Jahreszeit herstellen, damit er länger Winterschlaf halten konnte. Das war natürlich ein Geheimnis, aber so machte der Osterhase es nun schon seit über hundert Jahren. Plötzlich sah der Nikolaus alles wieder ganz genau vor sich: Er hatte mit dem Osterhasen ein ausgiebiges Schwätzchen gehalten – und dabei mussten sie die Säcke vertauscht haben!

Jetzt gab es nur eine Lösung: Sie mussten die Säcke zurücktauschen. Und zwar so schnell wie möglich! Kurz entschlossen griff der Nikolaus zum Telefon und rief den Osterhasen an.

Nervös lauschte er in den Hörer.
TUUUT … TUUUT … TUUUT …

»Komm schon, Ozzie«, murmelte der Nikolaus. »Geh ran.«

Doch es sprang nur der Anrufbeantworter an. »Hier ist der Osterhase. Leider rufen Sie während meines wohlverdienten Winterschlafs an. Nachrichten nach dem Piep. Oder dann im Frühjahr wieder … PIIIIIEP!«

»Ozzie, ich bin's, Lausi«, haspelte der Nikolaus drauflos. »Etwas Furchtbares ist pas…«

Wieder ertönte ein PIIIIIEP. Gefolgt von einer Stimme: »Nachrichtenspeicher voll.«

»Auch das noch!«, stöhnte der Nikolaus.

Jetzt blieb ihm nur noch eines übrig: Er musste zum Osterhasen – und zwar sofort. Rasch warf er sich den Sack über die Schulter und machte sich auf den Weg durch die eisige Kälte.

Leider war es fast schon Mitternacht, als er endlich beim Haus des Osterhasen ankam – völlig außer Puste und verzweifelt.

»Ozzie, mach auf!«, rief er und hämmerte gegen die Haustür. »Ich bin's, Lausi!«

Eine gefühlte Ewigkeit hämmerte und rief er, bis ihm schließlich ein völlig verschlafener Osterhase aufmachte.

»Lausi, du?«, nuschelte er und hatte Mühe, die Augen offen zu halten. »Was'n los?«

»Ka…Katastrophe«, japste der Nikolaus. »Säcke … vertauscht … Weihnachtswichtel … Naschwerkanlage.«

»Hä?« Der Osterhase verstand nur Bahnhof. »Ich brauch jetzt erst mal eine ordentliche Möhren-Ingwer-Limo.« Damit drehte er sich um und

schlurfte in die Küche. Der Nikolaus folgte ihm. Eine heiße Dusche und eine ganze Limonadenkanne später war der Osterhase endlich wieder wach.

»Oje«, kicherte er, als der Nikolaus ihm von dem ganzen Schlamassel erzählt hatte. »Ostereier in den Nikolausstiefeln! Stell dir nur die Gesichter vor!«

»Haha. Ich lache später«, brummte der Nikolaus.

»Aber jetzt, wo du den richtigen Sack wiederhast, ist doch alles gut!«, versuchte der Osterhase ihn aufzumuntern.

Missmutig starrte der Nikolaus auf die Küchenuhr. »Nichts ist gut! Ich bin doch jetzt viel zu spät dran, um noch alles zu schaffen. Ich bin so was von erledigt.«

»Weißt du was, Lausi?«, sagte der Osterhase. »Ich helfe dir! Jeder von uns übernimmt eine halbe Tour.«

»Echt?!«, fragte der Nikolaus strahlend.

»Klar!«, sagte der Osterhase. Rasch holte er einen leeren Sack, den sie bis zur Hälfte

mit den Nikolaussachen füllten. Zum Schluss wollte der Osterhase noch ein paar Ostereier hineinwerfen.

»Was soll das denn werden?«, fragte der Nikolaus verblüfft.

»Na, Werbung für Ostern natürlich!«, antwortete der Osterhase geschäftstüchtig.

»Auf keinen Fall!«, protestierte der Nikolaus. »Was sollen da die Kinder denken?«

»Naaaaa guuuuuut«, gab der Osterhase nach. »Aber dann hilfst du mir im Frühjahr beim Eierverstecken.«

Beim bloßen Gedanken an die Rennerei geriet der Nikolaus schon ins Schwitzen. Aber in seiner Not hätte er dem Osterhasen sogar versprochen, ihn dabei auf den Schultern zu tragen. »Einverstanden«, sagte er.

Sie einigten sich darauf, dass der Nikolaus den Norden und der Osterhase den Süden übernehmen sollte. »Ach ja«, sagte der Nikolaus, als sie sich gerade trennen wollten. »Und lass dich nicht erwischen, wenn du was in die Stiefel steckst.«

»Sag mal, hältst du mich für einen Anfänger?«, erwiderte der Osterhase entrüstet.

»'tschuldigung«, sagte der Nikolaus. »Bin etwas durch den Wind.«

»Keine Bange, Lausi«, grinste der Osterhase. »Alles wird gut.«

So kam es, dass der Osterhase in diesem Jahr ausnahmsweise auch an Nikolaus unterwegs war. Einige Stiefel wurden zwar erst auf den allerletzten Drücker gefüllt, aber am Ende ging kein Kind leer aus. Zufrieden feierten die beiden Freunde am nächsten Morgen bei Limo und Keksen ihren Erfolg in letzter Minute. Wen störte es da schon, dass der Osterhase es sich doch nicht hatte verkneifen können, in den einen oder anderen Stiefel ein Ei zu schmuggeln. Den Nikolaus jedenfalls nicht. Denn der hatte für das Eierverstecken an Ostern auch schon seine Pläne …

Das Weihnachtspuzzle

Mit Bildern von Elli Bruder

Julia starrte aus dem Fenster. Wütend streckte sie den wirbelnden Schneeflocken die Zunge raus. Dabei war sie eigentlich gar nicht auf die Flocken sauer. Und auf die schönen Berge auch nicht, die sich in der Ferne grau und geheimnisvoll im Schneetreiben erhoben.

Nein, am liebsten hätte sie Mamas Freund Peter und dessen nervigem Sohn Gregor die Zunge rausgestreckt. Die schmückten hinter ihr zusammen mit Mama gerade den Tannenbaum.

»Guck mal, Julia!«, rief Peter ausgerechnet in diesem Moment. »Na, wie gefällt er dir?«

Julia drehte sich um. Der Baum gefiel ihr nicht die Bohne. Genauso wenig wie Peters und Gregors dämliche Lichterketten oder die komischen Strohsterne und Adventskekse, die sie mitgebracht hatten. Überhaupt konnte ihr alles gestohlen bleiben!

Es war das erste Weihnachten, seit Mama und Papa sich getrennt hatten, und dass Mama und Peter nun extra eine Hütte in den Bergen gemietet hatten, machte alles kein bisschen besser.

»Na, Julia?«, hakte Peter nach. Lächelnd sah er sie an.

Sieht voll beknackt aus!, hätte Julia am liebsten gesagt. Aber damit hätte sie auch Mama wehgetan.

»Wäff-Wäff«, meldete sich da noch jemand zu Wort. Das war Rico, der Hund von Peter und Gregor. Mit großen warmen Augen blickte er Julia an. Fast war es, als wollte er sagen: »Bitte sag doch auch mal was!«

»Hm«, brummte Julia in Peters Richtung. »Da könnten noch ein paar richtige Kerzen dran.«

»Die kommen noch, Schatz«, versicherte Mama eilig. »Genau wie unsere Engel.«

»Echt?«, gab Nerv-Gregor mal wieder seinen Senf dazu. »Wie blöd ist das denn?«

Da platzte Julia der Kragen. »Wenn hier wer blöd ist, dann du!«, rief sie. Ihr schossen die Tränen in die Augen. »Ihr seid doch alle doof!«, rief sie und rannte schluchzend in ihr Zimmer. Wütend knallte sie die Tür

zu und schmiss sich aufs Bett. Eine Weile weinte sie leise vor sich hin, bis ihre Wut mit jeder Träne ein bisschen mehr nachließ.

Warum kann nicht alles so wie früher sein?, dachte sie. Bevor Mama und Papa angefangen hatten, sich dauernd zu streiten. Als noch alles in Ordnung war. Und nicht so hoffnungslos durcheinander. Manchmal kam sich Julia wie ein Teil in einem vertrackten Puzzle vor. Einem Puzzle, in dem nichts, aber auch gar nichts zusammenpasste, sosehr man die einzelnen Teile auch quetschte und knickte.

Es klopfte an der Tür. Mama kam mit einem Becher Tee und einem Schälchen Kekse herein – ihren Adventskeksen von früher, wie Julia bemerkte. Mama stellte alles auf den Nachttisch und setzte sich zu ihr.

Zärtlich strich sie Julia über den Kopf. »Nimm's nicht so schwer, mein Schatz«, sagte sie leise. »Gregor hat es nicht so gemeint.«

»Doch, hat er«, schniefte Julia und spürte, wie ihr fast wieder die Tränen kamen. Rasch lugte sie zur Tür.

Wie so oft erriet Mama ihre Gedanken. »Keine Angst«, sagte sie, »wir sind allein. Peter und Gregor sind mit Rico rausgegangen. Die hat das eben auch ganz schön mitgenommen.«

Julia kuschelte sich an Mama. »Rico vielleicht«, murmelte sie. »Und Peter meinetwegen auch. Aber Gregor ist einfach eine große Pupsbrumsel.«

»He«, sagte Mama sanft. »Ich glaube, er ist manchmal so, weil die neue Situation für ihn genauso schwer ist wie für dich. Weißt du, so wie dir manchmal Papa fehlt, fehlt ihm seine Mama. Und dann gibt es hin und wieder Momente, in denen man plötzlich alles blöd findet.«

»Hm«, brummte Julia. So hatte sie das noch gar nicht gesehen.

Aneinandergekuschelt saßen Julia und Mama da und guckten schweigend aus dem Fenster, vor dem die Schneeflocken tanzten. Richtig schön war das.

»Aber unsere echten Kerzen kommen wirklich noch an den Baum?«, brach Julia schließlich das Schweigen. »Und für die Engel ist auch noch Platz?«

»Na klar«, sagte Mama lächelnd, und geheimnisvoll fügte sie hinzu: »Komm mal mit. Ich zeig dir was.«

Als Julia kurz darauf ins Wohnzimmer kam, staunte sie nicht schlecht: Der Tannenbaum war schon fertig geschmückt – mit echten Kerzen und jeder Menge Engeln.

»Toll, dass du unsere Engel auch noch alle drangehängt hast.« Julia strahlte.

Mama schüttelte den Kopf. »Das war ich gar nicht. Das hat Gregor gemacht.«

Julia glaubte sich verhört zu haben. »GREGOR?«

Mama nickte. »Es hat ihm leidgetan, was er zu dir gesagt hat, und da wollte er es wiedergutmachen.«

Nun war Julia völlig baff. Vielleicht war Gregor ja doch keine so große Pupsbrumsel …

»Komm«, riss Mama sie aus ihren Gedanken. »Wie wär's, wenn wir

schon mal den Kaffeetisch decken? Die beiden sind bestimmt bald wieder zurück und dann können wir alle ein paar leckere Kekse vertragen.«

Zusammen machten sie sich an die Arbeit und bald war der Tisch gedeckt. Doch Peter, Gregor und Rico tauchten nicht wieder auf.

»Komisch«, murmelte Mama und sah auf ihre Uhr. »Eigentlich wollten sie nicht so lange weg sein.«

Eine Weile versuchten Mama und Julia sich abzulenken. Aber dann hielten sie es nicht mehr aus. Sie wollten gerade ihre Schuhe anziehen, um sich auf die Suche zu machen, da polterten Schritte über die Veranda.

»Das sind sie bestimmt!«, rief Mama erleichtert und riss die Tür auf.

Tatsächlich. Vor ihnen standen Peter und Gregor. Außer Atem und mit roten Gesichtern.

»Was ist passiert?«, fragte Mama.

»Rico«, sagte Peter. »Er ist weg!«

»Kommt erst mal rein«, sagte Mama.

Aufgeregt berichtete Peter, wie sie bei ihrem Spaziergang einen Hasen im Wald aufgescheucht hatten und Rico blitzschnell hinterhergeflitzt war. Peter und Gregor waren ihm sofort nachgerannt und hatten nach ihm gerufen, aber Rico war wie vom Erdboden verschluckt.

»Rico hat bestimmt Angst«, sagte Gregor. Julia merkte, dass seine Stimme zitterte. Und so wie er aussah, hatte er auch geweint.

»He«, sagte sie und knuffte ihn vorsichtig in die Seite. »Rico ist bestimmt nichts passiert. Und wenn wir alle zusammen suchen, finden wir ihn ganz schnell wieder.«

Gregor nickte tapfer.

»Gute Idee!«, fand auch Mama.

Sie waren schon alle abmarschbereit, als es an der Tür klopfte. Eilig machte Peter auf. Draußen stand ein Mann – mit einem Fellknäuel im Arm, das sie aus großen Augen anguckte.

»Gestatten's, Baumgartner«, begrüßte der Fremde sie lächelnd. »G'hört der kleine Kerl Ihnen?«

»Wäff-Wäff!«, begrüßte Rico sie.

Erleichtert bedankten sich alle bei Herrn Baumgartner und Peter und Mama luden ihn zu Kaffee und Keksen ein.

»Er ist mir beim Waldspaziergang zug'laufen«, erzählte Herr Baumgartner wenig später am Tisch. Genüsslich langte er immer wieder in die Keksschale. »Mei, sin die alle lecker!« Dann fiel sein Blick auf den Tannenbaum. »Und einen fei mächtig pfundigen Christbaum ham'S da. Respekt!«

Und während alle so froh beisammensaßen und Julia rundherum in strahlende Gesichter blickte, war es plötzlich da: das Gefühl, dass sich die verqueren Puzzleteilchen doch noch zusammenfügten. Zu etwas Neuem, das sich noch ziemlich komisch anfühlte, aber irgendwie auch schön …

Rettet Roboheld!

Mit Bildern von Isabel Große Holtforth

Lasses Atem ging tief und gleichmäßig. Endlich war er eingeschlafen. Das hatte heute besonders lange gedauert. Denn morgen war Weihnachten und Lasse war schon furchtbar aufgeregt. Auch Papa, Mama und seine Schwester Lisa schliefen. In der Wohnung war es dunkel und still.
Still? Nicht ganz.

»Pst! Sei ja leise, Jo!«, flüsterte da jemand.

Vorsichtig kletterte Cowboy Jo aus dem Spielzeugregal und schlich zu Lasse hinüber. Aufmerksam spähte er an seinem riesigen Bett empor. Nichts regte sich. »Ihr könnt kommen. Die Luft ist rein!«, zischte Jo.

Schon kletterten Jos Spielzeugkumpane aus dem Regal: Häuptling Flinke Feder und seine Apachen, der Schwarze Ritter mit seinen finsteren Gesellen und natürlich Käpt'n Flint mit seiner Piratenbande. Wie jeden Abend, wenn Lasse eingeschlafen war, besprachen sie zuerst, was sie machen wollten.

»Wie wär's, wenn der Schwarze Ritter mal wieder Prinzessin Eleonore entführt und wir sie befreien?«, schlug Cowboy Jo vor.

Die Prinzessin wohnte gemeinsam mit den Feen bei Lasses Schwester Lisa. Doch ab und zu machten auch alle etwas zusammen und zu gerne hätte Cowboy Jo die bezaubernde Prinzessin wiedergesehen.

»Kannst du vergessen«, sagte Häuptling Flinke Feder. »Dafür bräuchten wir die Ritterburg.« Er zeigte zum obersten Regal, wo Lasse die Burg verstaut hatte. »Nie im Leben kriegen wir die runter.«

Finster nickten alle. Es war immer blöd, wenn Lasse sein Zimmer aufgeräumt hatte.

»Na, egal!«, grinste Käptn Flint. »Auf eine Entführung hat die Prinzessin bestimmt sowieso keine Lust – nicht nachdem sie sich letztes Mal so über deinen Mundgeruch beschwert hat, Schwarzer Ritter!«

»HAHAHAHA!« Alle kringelten sich vor Lachen – bis auf den Schwarzen Ritter.

»Sehr witzig«, knurrte er. »Aber das Lachen wir euch noch vergehen, wenn Roboheld kommt.«

Schlagartig verstummte das Gelächter. Roboheld! Lasse und sein Freund Benne redeten seit Wochen von nichts anderem mehr. Roboheld war ein gewaltiger Roboterkrieger, der keine Gnade kannte. Ganz neu auf dem Markt.

»Roboheld?«, fand Cowboy Jo zuerst die Sprache wieder. »Was soll der denn hier?«

»Hab ich mich auch gefragt«, schnaubte der Schwarze Ritter. »Aber schon morgen liegt er unterm Weihnachtsbaum. Und dann spielt Lasse wochenlang nicht mehr mir uns.«

»Woher weißt du das mit Roboheld?«, fragte Häuptling Flinke Feder.

»Gestern hat Lasse mich und meine Männer im Wohnzimmer liegen lassen«, erwiderte der Schwarze Ritter. »Und da haben seine Eltern über den Typen gesprochen. Der Weihnachtsmann wird Roboheld bringen. Oder besser gesagt …« Er blickte sie mit funkelnden Augen an. »… hat ihn schon gebracht!«

Aufgeregtes Raunen erhob sich. »Er liegt auf dem Wohnzimmerschrank«, fuhr der Schwarze Ritter fort. »Schnappen wir ihn und dann ab mit ihm in den Mülleimer!« Begeistert schwenkte seine Ritterbande ihre Schwerter. »In den Mülleimer mit ihm!«, jubelten sie im Chor.

»A…aber das k…könnt ihr doch nicht machen!«, protestierte Häuptling Flinke Feder.

»Genau!«, sprang Cowboy Jo ihm bei. »Was, wenn er ganz nett ist?«

»Stell dir vor, man würde dich einfach so in den Müll schmeißen«, knurrte Käpt'n Flint.

»Papperlapapp!«, blaffte der Schwarze Ritter. »Wenn ihr zu feige seid, machen wir's eben alleine. Auf geht's, Männer!«

Im Gleichschritt marschierte die Ritterbande durch den Türspalt in den Flur hinaus – und war im nächsten Augenblick wie eine Geisterarmee in der Finsternis verschwunden. Etwas ratlos blieben Cowboy Jo und die anderen zurück. Dann gingen sie auf Käpt'n Flints Vorschlag hin auf Schatzsuche. Denn bestimmt lagen in Lasses Zimmer noch goldene Schokotaler von Nikolaus herum.

Doch niemand war so recht bei der Sache. »Also ich weiß nicht …«, sagte Cowboy Jo schließlich. »Wir können doch nicht tatenlos zusehen, wie sie Roboheld in den Müll schmeißen.«

Das fanden die anderen auch. Sie sahen sich an und nickten.

»Einer für alle?«, sagte Cowboy Jo.

»Alle für einen!«, sagten Flinke Feder und Käpt'n Flint. Sofort nahmen sie die Verfolgung auf.

Als sie ins Wohnzimmer stürmten, schoben die Männer des Schwarzen Ritters oben auf dem Schrank eine in Geschenkpapier gewickelte Figur auf die Kante zu.

»Werft ihn runter!«, rief der Schwarze Ritter, der den Überfall von unten beaufsichtigte.

»NEIN!«, brüllte Cowboy Jo.

Doch da stürzte die Figur auch schon in die Tiefe. Prallte auf den Heizungskörper. Und landete im Strickkorb von Lasses Mama.

Cowboy Jo und die anderen flitzten los, um zu helfen. »HALT«, rief der Schwarze Ritter mit donnernder Stimme. »Der gehört uns!« Seine Bande scharte sich wieder um ihn, als einer nach dem anderen vom Schrank herunterkam.

»Kannste vergessen!«, erwiderte Cowboy Jo.

Im selben Moment ertönte aus dem Korb ein Geräusch. Es klang, als würde Papier zerreißen. Ritsch-ratsch!

»D…d…da!«, stotterte der Schwarze Ritter. Entsetzt zeigte er auf den Korb.

Jo und die anderen wirbelten herum. Roboheld war herausgeklettert und kam mit rot glühenden Augen auf sie zu.

»Be-sei-ti-ge Ge-fahr!«, schnarrte er.

Da ertönte ein furchtbares Fauchen. Alle erstarrten vor Schreck. Das war Baby, Lisas Katze. Wie aus dem Nichts war sie hinter dem Schwarzen Ritter und seinen Männern aufgetaucht. Mit hungrigen, gelben Augen funkelte das riesige Viech sie an. Schützend stellte sich Roboheld vor den Schwarzen Ritter und seine Männer. »Ver-schwin-de Bes-tie!«, schnarrte er.

Doch Baby dachte überhaupt nicht dran. Mit einem lässigen Pfotenhieb fegte sie Roboheld zur Seite.

»LAUFT!«, schrie Cowboy Jo.

Doch da stürzte Baby sich schon fauchend auf die Ritter. Die anderen eilten zu Hilfe und ein wilder Kampf entbrannte. Roboheld machte seinem Namen wahrhaft alle Ehre. Immer wieder rettete er sie in höchster Not und stellte sich Babys Krallenpfoten todesmutig in den Weg. Trotzdem hätte das Ganze vermutlich ein böses Ende genommen, wäre im letzten Moment

nicht Prinzessin Eleonore mit ihren Elfen aufgetaucht. Kichernd bliesen sie Baby ihr Elfenpulver ins Gesicht. Mit erschrockenem Niesen ergriff die Katze die Flucht.

»Ich weiß gar nicht, wie wir uns bedanken sollen, Prinzessin!«, sagte Cowboy Jo verlegen, als sich die Aufregung gelegt hatte.

»Na, wie schon?«, kicherte die Prinzessin. »Mit einem Fest natürlich.« Sofort zückten ihre Begleiterinnen die winzigen silbernen Harfen und Flöten. »Und wir zwei beginnen mit dem ersten Tanz.«

»Oh … okay«, strahlte Cowboy Jo und schon zog die Prinzessin ihn mit sich auf die Tanzfläche.

»Ach, danke übrigens«, sagte der Schwarze Ritter kurz darauf zu Roboheld. »Und das mit dem Mülleimer war nicht so gemeint. Okay?«

Ehe der Roboter antworten konnte, verschwand auf einmal alles: das Wohnzimmer, Roboheld, Jo, die Elfen …

Mit einem lauten Seufzer schlug Lasse die Augen auf.

Mann!, dachte er. Was hab ich denn da geträumt? Sein Spielzeug hatte mit Roboheld gegen Baby gekämpft! Verrückt!

Lasse kroch aus dem Bett und schlurfte hinüber zum Regal. Plötzlich stutzte er. Kam ihm das nur so vor oder hatten ein paar seiner Figuren mehr Kratzer als gestern? Er schüttelte den Kopf. Na, das war ja nun wirklich Quatsch, oder?

Eines stand aber auf jeden Fall fest: Sollte der Weihnachtsmann Roboheld wirklich bringen, würde er seine alten Spielzeugfreunde nicht vergessen.

Die Cowboyprinzessin

Mit Bildern von Jennifer Coulmann

»Hast du etwa immer noch Hunger?«, stöhnte Leon, als Papa sich noch mal ein ordentliches Stück Truthahn auf den Teller packte.

Auch seiner Schwester Leonie gefiel das gar nicht. »Mensch, Papa!«, rief sie.

Doch der zuckte nur die Schultern.

»Na, da können wohl zwei die Bescherung kaum noch erwarten«, sagte Mama lächelnd. Dann machte sie es Papa nach und nahm sich auch noch ein Stück Fleisch. Ein verflixt großes, wie Leon und Leonie fanden.

»Warum ist die Bescherung immer erst nach dem Essen?«, maulte Leon, während Leonie zustimmend nickte.

»Weil so die Vorfreude viel größer ist«, erklärte Papa.

Das war natürlich überhaupt kein Trost. Leon und Leonie konnten vor lauter Vorfreude nämlich kaum noch still sitzen! Schon die ganze Zeit hatten sie zum Tannenbaum hinübergeschielt. Denn darunter lagen alle Geschenke bereit, die das Christkind irgendwann heute Nachmittag gebracht hatte. Und einige davon waren ganz schön groß! Während Mama und Papa wie in Zeitlupe weiteraßen, überlegte Leon fieberhaft, was wohl in den bunt verpackten Päckchen sein mochte. Im größten Paket von allen war bestimmt der Kaufmannsladen, den sich Leonie gewünscht hatte. Jede Wette! Und in dem zweitgrößten daneben könnte glatt die große Cowboystadt sein. Die hatte ganz oben auf seinem Wunschzettel gestanden.

Doch leider gab es nun auch noch Nachtisch. In Windeseile verputzten Leon und Leonie ihren Schokopudding mit Vanillesoße. Damit es schneller ging, verzichtete Leon sogar extra auf einen Nachschlag. Aber leider half das auch nichts, weil Mama und Papa weiter so rumtrödelten, dass es einfach nicht zu fassen war.

Als die beiden endlich fertig gegessen hatten, deckten sie alle zusammen den Tisch ab.

»Papa und ich räumen nur schnell die Spülmaschine ein«, sagte Mama. »Geht ihr zwei schon mal wieder ins Wohnzimmer. Dann kann es gleich losgehen.«

In Windeseile flitzten Leonie und Leon zurück und ließen sich vor den Geschenken auf die Knie fallen.

»Was meinst du?«, sagte Leon zu seiner Schwester. »Anfassen kann man doch schon mal, oder?«

»Klar«, erwiderte Leonie grinsend.

Vorsichtig rüttelten sie an den Paketen herum. Das größte war so schwer, dass sie es gar nicht heben konnten. Ganz im Gegensatz zum zweitgrößten. Das, in dem Leon die Cowboystadt vermutete. Komisch, dachte Leon. Die hatte er sich viel schwerer vorgestellt.

»He, ihr beiden«, unterbrach Papa sie. Mit ernstem Gesicht stand er in der offenen Wohnzimmertür. »Schlechte Nachrichten«, sagte er. »Die

Spülmaschine ist kaputt. Leider müssen wir alles mit der Hand spülen. Aber wenn ihr mithelft, sind wir bestimmt in einer Stunde fertig.«

In einer Stunde?! Leon und Leonie guckten wie die Erdmännchen.

Plötzlich musste Papa grinsen. »Kleiner Weihnachtsscherz! Gleich geht es los.«

»Mann, Papa!«, schimpfte Leon. Das hätten sie sich ja gleich denken können. Papa liebte solche Witze.

Wenige Minuten später versammelten sich alle erwartungsvoll vor dem Tannenbaum. Wie jedes Jahr durfte Leonie als Jüngste zuerst auspacken und wie jedes Jahr ging es mit den kleinsten Paketen los. Unter Jubel und großem Hallo machten sie nacheinander ihre Geschenke auf und alle freuten sich riesig. Nur Papa und Mama guckten etwas unglücklich, als sie gleich zu Anfang eine froschgrüne Häkelkrawatte für Papa und ebenso froschgrüne Häkeltopflappen für Mama auspackten.

»Sieht aus, als hätte sich das Christkind von Großtante Elvira beraten lassen«, seufzte Papa.

»Na ja, auf jeden Fall hat sie es gut gemeint«, tröstete Mama ihn.

Zu Leons Erleichterung hatte Großtante Elvira das Christkind bei den anderen Geschenken wohl nicht mehr beraten. Denn schließlich packte er eine super Sammlung mit Pferden und Cowboyfiguren aus – die passten perfekt zu seiner Cowboystadt. Grinsend überlegte Leon schon, welche Cowboys er gleich in den Saloon setzen würde, doch erst einmal war Leonie mit ihrem Riesenpaket an der Reihe. Und tatsächlich befand sich der große Kaufmannsladen darin.

»Juchu!«, rief sie und hüpfte begeistert vor dem Tannenbaum herum.

»Na, Leon«, sagte Papa dann. »Willst du denn gar nicht auspacken?«

Das ließ sich Leon nicht zweimal sagen. Mit klopfendem Herzen riss er das bunte Geschenkpapier auf. Völlig baff starrte er dann auf den braunen Karton, der darunter zum Vorschein kam. Nicht ein buntes Bild war darauf zu sehen – weder Saloon noch Cowboys noch sonst irgendetwas.

»Keine Bange, mach weiter auf«, redete Mama im gut zu.

Ach so, dachte Leon erleichtert.

Doch zu seiner Überraschung kam unter dem Deckel nur ein anderes Paket zum Vorschein. Und darin dann wieder nur ein kleineres. So ging es immer weiter. Aus den Paketen wurden Päckchen. Die Päckchen wurden kleiner und Leons Enttäuschung immer größer, bis nur noch ein letztes Minipäckchen übrig war.

»Na, komm. Auspacken!«, hörte er Papa rufen.

»Mach schon auf«, drängelte Leonies aufgeregte Stimme.

Mit einem dicken Kloß im Hals öffnete Leon das Minipäckchen. Eine alberne Prinzessinen-Figur lag darin, schon angekratzt und nicht mal neu. Und ein ziemlich krakeliges Bild. Aber selbst durch den Tränenschleier erkannte er, was es sein sollte: eine Cowboystadt. Das war zu viel! Wollte das Christkind ihn veräppeln?

»Das ist so gemein!«, schrie er und zerknüllte das Bild. Wütend pfefferte er es auf den Geschenkpapierhaufen, der sich neben dem Tannenbaum aufgetürmt hatte.

Dann ging alles durcheinander. Aus irgendeinem Grund fing Leonie plötzlich auch an zu heulen. Mama sprang auf. Papa sprang auf und zusammen gaben sie alles, um die beiden zu trösten. Was gar nicht so einfach war.

»Hey, mein Großer«, sagte Mama schließlich und nahm Leon in den Arm. »Das Christkind konnte dir die Cowboystadt noch nicht bringen, weil sie schon überall ausverkauft war. Da hat Leonie zum Trost ein Bild für dich gemalt. Damit du schon mal einen Gutschein hast.«

»Ach so …«, krächzte Leon heiser. Mit schlechtem Gewissen schielte er zu Leonie hinüber, die gerade auf Papas Schoß saß und immer noch schluchzte. »U…u…und die Prinzessin … ist auch von dir?«, fragte er zaghaft.

Leonie nickte. »Weil … weil …«, schluchzte sie, »… doch auch Cowboys eine Prinzessin brauchen.«

Stimmt. Cowboys brauchen auch eine Prinzessin, dachte Leon. Warum nur hatte er nicht kapiert, dass das Bild und die Prinzessin von Leonie waren? Ein warmes Gefühl durchströmte ihn, als er seine Schwester ansah. Er nahm eine seiner neuen Cowboyfiguren – Piff-Paff-Pete, den einäugigen Revolverhelden – und hielt ihn Leonie hin.

»Weißt du was?«, flüsterte er. »Wie wär's, wenn wir uns zusammen überlegen, wie die Cowboys deine Prinzessin gleich aus den Fängen von Piff-Paff-Pete befreien?«

Schniefend starrte Leonie auf den Revolverhelden.

»Die Cowboyprinzessin braucht natürlich auch noch einen Namen«, fuhr Leon eifrig fort. »Hast du eine Idee?«

Da fing Leonie an zu strahlen. »Klar«, sagte sie. »Die Cowboyprinzessin heißt Leonie.«

Das war ein ganz toller Name, fand Leon und so nahm das aufregende Abenteuer von Piff-Paff-Pete und der Cowboyprinzessin Leonie seinen Lauf.

Bärenstarke Weihnachten

Mit Bildern von Elli Bruder

»Bäh! Wie kann man so was essen?!«, sagte Tom. Naserümpfend sah er zu, wie seine Schwester Jana einen dicken Löffel Honig auf ihr Brötchen tropfen ließ.

»Pah, besser als deine braune Pampe!«, antwortete sie und meinte damit Toms Nusscreme. »Die sieht aus wie …«

»Jana, wehe!«, unterbrach Mama sie. »Nicht das K-Wort!«

Jana machte ihr unschuldigstes Gesicht. »Wieso?«, fragte sie. »›Wie Kloplumpse‹, wollte ich doch nur sagen.«

Prompt verschluckte sich Papa an seinem Kaffee, als er versuchte ein Lachen zu unterdrücken, und auch Tom kriegte sich vor Kichern nicht mehr ein. Kopfschüttelnd blickte Mama in die Frühstücksrunde. Aber dann musste auch sie grinsen. Für miese Laune war der Tag sowieso viel zu schade. Denn endlich war Heiligabend und der schönste Tag des Jahres hatte gerade erst begonnen.

Doch bis es am Abend richtig losging, stellte sich eine knifflige Frage.

»Und was machen wir bis zur Bescherung?«, fragte Tom, kaum dass alle mit dem Frühstück fertig waren.

Zu Janas und Toms Überraschung hatten Mama und Papa dieses Mal sofort eine Antwort parat.

»Wir machen unseren ersten Weihnachtsbesuch«, sagte Mama.

Jana und Tom guckten sie an, als hätte sie gesagt, dass das Christkind dieses Mal erst zu Ostern kommen würde.

»Einen Weihnachtsbesuch?«, fand Jana als erste die Sprache wieder. »Etwa zu Oma und Opa? Noch vor der Bescherung?«

»Nein, zu Oma und Opa fahren wir morgen«, erwiderte Papa.

»Aber wohin geht es dann?«, rief Jonas und zappelte ungeduldig auf seinem Stuhl herum.

Papa und Mama sahen sich lächelnd an. »Lasst euch überraschen!«

Als sie wenig später im Auto saßen, hatten Jana und Tom noch immer keine Ahnung, wohin sie unterwegs waren. Die Sache wurde immer geheimnisvoller. Sie rätselten und fragten wie die Weltmeister, aber langsam gingen ihnen die Ideen aus. Nach einer Weile fiel Tom dann doch noch etwas ein. »Ich weiß es!«, jubelte er. »Wir fahren ins Tierheim!«

»Genau«, stimmte Jana begeistert ein. »Um eine Katze auszusuchen, die uns das Christkind bringt.«

»Nee, einen Hund!«, rief Tom.

»Katze!«

»Hund!«

»He, he, he!«, versuchte Mama die beiden zu bremsen. »Tiere sind doch keine Weihnachtsgeschenke.«

»Aber mit Tieren liegt ihr gar nicht so falsch«, sagte Papa augenzwinkernd.

Zuerst half das Jana und Tom auch nicht weiter, sosehr sie sich auch den Kopf zerbrachen. Doch ein paar Straßen später kam ihnen der Weg irgendwie bekannt vor.

»Sag mal, geht es hier nicht zum Zoo?«, fragte Tom.

Papa grinste sie nur im Rückspiegel an.

»Genau, wir fahren in den Zoo! Stimmt's?«, rief Jana.

»Erraten!«, lachte Mama.

Jana und Tom waren begeistert. Aber das war noch nicht die eigentliche Überraschung. Staunend sahen die beiden wenig später zu, wie Papa mit der Frau im Kassenhäuschen sprach und einen Zettel vorzeigte. Ohne zu bezahlen, ging er einfach durch die Drehtür und winkte den anderen, ihm zu folgen.

»So, hier müssen wir warten«, sagte Papa und blieb gleich am Eingang wieder stehen.

»Warten?«, fragte Jana verblüfft. »Worauf denn?«

»Darauf, dass uns der Tierpfleger abholt«, antwortete Papa.

Mit großen Augen starrten Jana und Tom ihn an.

Mama stupste Papa in die Seite. »Jetzt erzähl's ihnen doch!«

»Also okay«, begann Papa. »Heute ist auch für die Tiere im Zoo Bescherung.«

»Die Tiere kriegen was zu Weihnachten?«, staunte Tom.

Papa nickte. »Sozusagen. Ich habe beim Weihnachtspreisausschreiben des Zoos mitgemacht und … gewonnen!« Papa strahlte. »Als Preis dürft ihr die Geschenke für die Bären verpacken und danach im Gehege verteilen. Natürlich wenn die Bären noch nicht drin sind«, fügte er augenzwinkernd hinzu.

Janas und Toms Jubel hatte sich kaum gelegt, als auch schon der Tierpfleger kam.

»Hallo! Schön, dass ihr da seid. Ich bin Günter«, begrüße er sie. »Dann mal auf zur Bärenanlage!«

Über Wege und durch Türen, die für Zoobesucher sonst gesperrt waren, folgten sie Günter in einen großen Raum. Hier sah es ein bisschen aus wie in einer Küche, nur war alles viel größer. Durch ein Fenster konnten sie in einen Teil der Bärenanlage gucken.

Auf einem großen Tisch stand schon alles bereit: bunte Weihnachtstüten aus Papier, Eimer mit Äpfeln, ein Korb mit Brötchen und …

»Butter und Honig?«, wunderte sich Mama und zeigte auf den Tisch. »Kriegen die Bären etwa Honigbrötchen?«

»Nur zu besonderen Anlässen. Aber stimmt genau«, sagte Günter lächelnd. »Honigbrötchen lieben sie über alles.«

»Genau wie Jana«, kicherte Tom, während seine Schwester vor Freude strahlte.

Als Expertin für Honigbrötchen machte sich Jana mit Mama und Papa gleich ans Brötchenschmieren, während Tom schon mal die Äpfel in die Geschenktüten legte. Mit den fertig gepackten Tüten ging es dann

in die leere Bärenanlage. Das war auch ohne Bären nicht nur ganz schön aufregend, sondern irgendwie auch komisch, denn die Zoobesucher guckten ihnen von oben zu.

Die riesige Anlage hatte so viele tolle Verstecke, dass es etwas dauerte, bis sie alle Tüten gut verteilt hatten. Schließlich war es aber so weit. Wieder zurück im Küchenraum, beobachteten sie durch das Fenster, wie die Bären neugierig in die Anlage kamen. Nur ein paar Minuten später machten sich die ersten Bären bereits begeistert über ihre Geschenke her.

»Guck mal, wie die sich freuen!«, rief Tom.

»Nur der irgendwie nicht«, sagte Jana und zeigte auf einen kleineren Bären. Lustlos stupste er seine Tüte vor sich her, bis ein Apfel herauskullerte.

Günter runzelte die Stirn. »Das ist Alex, unser Jüngster. Ich mach mir schon länger Sorgen um ihn, weil er nicht mehr richtig frisst.«

Zögernd nahm Alex den Apfel ins Maul. Dann brüllte er vor Schmerzen auf, ließ den Apfel fallen und stürmte davon. Erschrocken guckten Jana und Tom zu, wie er sich hinter einem Gebüsch verkroch.

»Da stimmt was nicht«, sagte Günter. »Ich rufe lieber den Zootierarzt. Tut mir leid, dass ich jetzt keine Zeit mehr für euch habe. Aber wir müssen uns um Alex kümmern.«

Das konnten natürlich alle verstehen. Rasch verabschiedeten sie sich von Günter. Aber den ganzen Tag dachten sie immer wieder an den jungen Bären.

»Was Alex jetzt wohl macht?«, fragte Tom, als sich alle zur Bescherung versammelt hatten.

Da brummte plötzlich Papas Handy.

»Was ist denn?«, fragte Jana, als Papa lächelnd auf sein Telefon blickte.

»Eine Nachricht von Alex«, strahlte er.

Mama, Tom und Jana guckten sich an. Wollte Papa sie veräppeln?

»Na ja«, gab Papa zu, »ich habe Günter meine Handynummer gegeben und er hat Alex dabei geholfen, uns eine Nachricht zu schreiben. Aber seht selbst.«

Gespannt guckten sie auf das Handy. Darauf war ein Bild von Alex zu sehen, der sich gerade eines ihrer Honigbrötchen schmecken ließ. Darunter stand:

Liebe Jana, lieber Tom!
Ich hatte ein Loch im Zahn. Aber der Tierarzt hat alles wieder heilgemacht und durch die Betäubung hat es gar nicht wehgetan.
Vielen Dank für das tolle Honigbrötchen.
Bärig schöne Weihnachten!
Euer Alex!

© 2019 Carlsen Verlag GmbH, Völckersstraße 14–20, 22765 Hamburg

Texte: Christian Dreller

Illustrationen: Elli Bruder, Jennifer Coulmann und Isabel Große Holtforth

Umschlagillustration: Isabel Große Holtforth

Lektorat: Britta Keil, Katharina Eisele

Gestaltung und Herstellung: Derya Yildirim

Lithografie: ReproTechnik Fromme, Hamburg

ISBN 978-3-551-51837-8

www.carlsen.de